U0959704

政治学有什么用？

日常人文课

WHAT WOULD MARX DO?

[英国] 加雷思·索思韦尔 著
GARETH SOUTHWELL
姚子玄 译

译林出版社

图书在版编目（CIP）数据

政治学有什么用？／（英）加雷思·索思韦尔（Gareth Southwell）著；姚子玄译．—南京：译林出版社，2021.9
（日常人文课）
书名原文：What Would Marx Do?
ISBN 978-7-5447-8766-6

I.①政… II.①加… ②姚… III.①政治哲学－通俗读物 IV.①D0－02

中国版本图书馆 CIP 数据核字（2021）第 120423 号

What Would Marx Do? by Gareth Southwell
First published in Great Britain in 2018 by Cassell, an imprint of Octopus Publishing Group Ltd
Carmelite House, 50 Victoria Embankment, London EC4Y 0DZ
Design and layout copyright © 2018 by Octopus Publishing Group
Text copyright © 2018 by Gareth Southwell
Cover art and caricatures on pages 2, 5, 18, 50, 55, 58, 79, 101, 118, 134, 149, 165, 195, 205
© 2018 by Gareth Southwell Illustration
All other illustrations © 2018 by Grace Helmer
Gareth Southwell has asserted his right under the Copyright, Designs and Patents Act 1900 to be identified as the author of this work
This edition arranged with Octopus Publishing Group Ltd
Simplified Chinese edition copyright © 2021 by Yilin Press, Ltd
All rights reserved.

著作权合同登记号　图字：10-2018-528 号

政治学有什么用？［英国］加雷思·索思韦尔／著　姚子玄／译

责任编辑　陶泽慧
装帧设计　尚燕平
版式设计　黄　晨
校　　对　孙玉兰
责任印制　单　莉

原文出版　Cassell, 2018
出版发行　译林出版社
地　　址　南京市湖南路 1 号 A 楼
邮　　箱　yilin@yilin.com
网　　址　www.yilin.com
市场热线　025-86633278
排　　版　南京展望文化发展有限公司
印　　刷　徐州绪权印刷有限公司
开　　本　880 毫米 × 1230 毫米　1/32
印　　张　7.875
插　　页　2
版　　次　2021 年 9 月第 1 版
印　　次　2021 年 9 月第 1 次印刷
书　　号　ISBN 978-7-5447-8766-6
定　　价　48.00 元

版权所有·侵权必究
译林版图书若有印装错误可向出版社调换。质量热线：025-83658316

想法与做法，那么，我们还有必要离开我们每天熟悉透顶的琐碎事情，去苦心孤诣地专门学习或殚精竭虑地深入思考政治学问题吗？好像完全没必要。当然，这是从政治学的入门级层次说的，不等于说政治学就是人人心中所想、事事直观呈现的东西。高阶的政治学知识，是那些专门从事政治学研究的学者们为人们提供的，是需要专门的学习与深入的思考才能进入的。我们不应该出售进入政治学知识世界的廉价门票。但对一般人来说，获取入门级的政治学知识，那确实是不难的。

本书作者告诉我们，像自由、平等、权力与权威、权利、正义这些现代政治学的重要命题，并不在我们的日常生活之外，由政治学家闭门造车，硬生生地制造出来。在书中依五个主题安排的五个章节中，作者都通过活生生的事例向我们表明，我们不仅在生活中遭遇政治学问题，也在生活中求解着种种政治难题。因此，也就“自然地”具备某些政治学思考的才能。譬如现代政治学的首要命题是“自由”，关于自由的学术讨论，确实有拒人千里的深奥性。这是不是意味着尝试理解自由的普通人群，就只能望“自由”二字而兴叹呢？那绝对不是。

作者说，我们很多人都有丢车的经历：虽然经由警察的努力车找回来了，偷车贼也被法律惩治，但我的车被偷，责任是不是全在偷车贼身上呢？这是有这种经历者不可避免地会思考的问题。一旦思考这个问题，你就触及政治学所说的自由问题，尤其是触及非常深层的自由意志问题：偷车贼想拥有我的车，但他以非法手段图谋实现目标，意味着他误用了自由意志，他无视了自己是社会、生物和环境作用的产物。但同时，我们在面对小偷时，也会从同一角度考虑自己的处境、行为与赏罚，从而在换位思考时，丰富了我们对强、弱自由意志论者与决定论者主张的认识。

在现代政治学的五个基本论题中，作者都采取了这样的论述策略，让人们足以形成自己思考政治学问题的自信。而且，在每个主题上，作者都从不同角度，举证不同案例，讨论不同含义，让人们清清楚楚、明明白白地进入政治学知识天地。如在自由专题中，不仅以偷车贼来讨论自由意志与决定论问题，还以朋友议论他人肥胖来讨论人们彼此间的影响以及秩序的形成问题，以人们在社交媒体上是否该谨言慎行来讨论言论自由问题，以沉迷手机来讨论自由及其外部压力问题，以骑电瓶车是否必须戴头盔来讨论服从规则与自由的关系问题……如此等等。这就既保证了人们从亲身经验中直接进入政治学知识世界，又有力促使读者对见惯不惊的事情展开政治知识求解。

在作者一步一步、一事一理地解释其他四个现代政治学主题的时候，叙述方式也都遵循这一进路。因此，他将政治学叙述得切近生活，不仅显得生动活泼，也激发人的知识兴趣。更且让人亲近政治学名家，乐意进入政治学思考轨道，按照政治学知识逻辑思考相关问题。读者只要一想某地高尔夫球社团是不是一个公平社会便涉及公平问题，思量自己是否有义务为朋友喂猫便涉足权力与权威问题，一旦在工作中遭遇信仰并起了冲突便凸显了权利及其关联问题，而在踌躇支不支持国家开战时便触及正义问题——生活中都会遭遇到的这种种思想与行动问题，都让人发现政治学不仅有用，而且对人如何思考问题与决断行为，有着巨大的“用处”。

本书不仅用人们在生活中大概率会遭遇的事例，向人们输送政治学知识，而且在叙述中没有丝毫呆板和僵化地适时引入著名政治学家对相关问题的精深思考。譬如，他在述及自由问题时，不只是在事例中引出政治学一般理论知识，还非常自如地引入了德谟克利特、萨特和霍布斯对这些问题的思考，将政治思想史资源用于解释日常生活遭遇，毫不生硬地让人们进入深层的政治思想世界。全书几乎让古今所有伟大的政治思想家渐次出场，为我们展现了政治思想大师精彩纷呈的见解，极大地丰富了五大主题的政治思想内涵。

“政治学有什么用?”在这本书里得到了直接回答没有?没有。这个回答会不会让读者感到失望呢?应该不会。如果作者在书中不断唠叨政治学的用处，试图为读者求取政治学有什么用给出简单实用的答案，那才该让读者失望呢!因为这类回答，基本上都是一些适用于各个学科的标准答案，说了等于没说。而且，这类回答基本上属于强为人说愁，人们也许根本没有担忧过的问题，回答者会自作主张，给出一些不尽如人意的答案。本书的作者，是在人们大概都会经历的事例中，启发人们自己去归纳“政治学有什么用?”的答案。这是一种参与式的知识传播方式，让作者与读者在共鸣中愉快地进入同一个知识世界，各自寻找精彩，共同建构知识共同体。

不能说一读这本书，读者就会喜欢上政治学。但可以说，读者一旦读了这本书，一定会明显增进自己的政治学知识。政治学不在远处，就在身边。这就是本书不可忽视的价值所在。

目 录

前　言

近年来，整个世界都在走向政治化。也许主要是因为社交媒体和互联网，我们现在更容易接触到政治问题。如果愿意的话，我们可以24小时全天候地浏览这个星球上任何地方、任何话题的新闻。因此，无论是东南亚珊瑚礁面临的威胁日增，还是叙利亚难民令人心碎的困境；无论是华尔街交易员的豪奢生活，还是更切近本土的议题，人们现在都可以更加轻松地了解和参与、分享和评论、宣传或谴责。这也使得想逃离这一切变得更困难，因为——也许比以往任何时候都更是如此——我们被迫要面对朋友、熟人、同事，甚至是完全陌生的人的政治见解。

当然，政治问题不仅仅出现在阅读和讨论中，流传于网络或者其他媒体中，在日常生活中，我们也需要面对政治话题，它会以生活中普遍存在的困境形式出现。沉迷手机算不算一个问题？你有义务做慈善吗？是否有足够的理由让你选择结婚？生孩子是个好主意吗？想要收入更高的工作或更大的房子有错吗？骑电瓶车的时候该不该戴头盔？或者是不是应该帮朋友照顾宠物？这些疑惑乍看起来似乎不是政治问题，但是当你以恰当的方式深入研究时，你会发现政治哲学家对这类问题有很多话要说。因此，柏拉图可能没有明确解决手机成瘾的问题，但是对于政府如何帮助我们变得理性，并且避免被有害的热情灼伤等方面，他会有很多话要说。约翰·斯图尔特·密尔一生中从未发过微博，但他会提出，应当尽量不去限制你在社交媒体上发言的权利。因此，当我们询问“马克思遇到这些问题会怎么行事？”，并考虑伟大的政治

哲学家如何应对21世纪的日常处境时，这并非轻浮之举，而是一种认真的尝试，试图去理解历史上伟大的政治哲学家的见解如何能够应用于我们的日常生活——毕竟，这不就是政治的意义吗？

在我们面前，最常见的困境源于各种未经置疑的假设：对于善良和义务的本质的各种道德态度，关于个人自由和个人权力与国家之间的关系的各种信念，关于公正和公平的各种观点，贫富差异的问题，等等。因此，在分析日常问题时，我们可以深入发掘和探索这些议题，并找出各路政治哲学家对这些议题有何评论。

你可能已经猜到了，他们并不总是意见一致，因此，在考虑他们的意见分歧时，你会发现你找不到一条可以简单遵循和应用的建议——这样的捷径恰恰并非哲学的意义所在。相反，你会更加明白，我们讨论的问题为什么如此具有争议性，以及为什么其中许多问题直到现在仍然是人们激烈争论的话题。最后，你会了解到马克思、柏拉图、密尔、亚里士多德、黑格尔以及其他许多哲学家会如何行动。你会支持或反对他们的观点，并且可能会面临比以往更多的问题，但这正是哲学的本质。在你对政治有了更深入的理解后，你可以更好地做出自己的决定，并回答最重要的问题："我该怎么行事？"

第一章：自由

做坏事的人，自己有几分责任？

德谟克利特 ‖ 萨特 ‖ 霍布斯

一开始，你以为自己只是忘记刚刚把车停在哪儿了。然后，害怕和难以置信这两种情绪袭来，你渐渐意识到：你的车被偷了。也许这全怪你自己。你根本就不应该把车停在那条阴暗可疑的小巷里。而且这个社区的治安也明显不太好。这辆车还是布加迪威龙，它本身就在求着别人来偷它。

后来，警察联系上你。你的车已经跑到没油了，而罪魁祸首也被抓到了：一帮开着你的车兜风的当地小混混。“别担心，他们会为他们的罪行付出代价。”但是责任全在他们身上吗？

所有政治自由（或简称自由）的问题根源都在于一个更加深刻的问题：我们在多大程度上拥有自由意志？大多数政治哲学家

或多或少地都假设我们拥有自由意志。毕竟如果你无法自行做出选择，你怎么可能投出选票？如果你在根本上无法控制自己的行为，你怎么能够为自己的行为负责？要询问我们是否拥有自由，我们必须首先假设我们拥有自由意志。但是我们拥有吗？

决定论者和非决定论者

自从古希腊哲学家**德谟克利特**（Democritus，公元前460—前370）首先提出万物皆由原子构成起，万事万物的发生应归于自然而非"上帝"或"命运"的观点就开始在人们心中生根发芽了。随着科学的发展，我们开始认识万物运转的规律，以唯物主义构想人类的视角开始成为可能，而灵魂或者精神在这里都失去了作用。然而，既然我们仅仅是原子的集合体，而这些原子的行为均须服从物理法则，这是否意味着这些物理法则同样管辖我们的行为？这是否意味着我们并不自由？生活只是一场毫无意义的闹剧？对于政治自由，这又意味着什么？

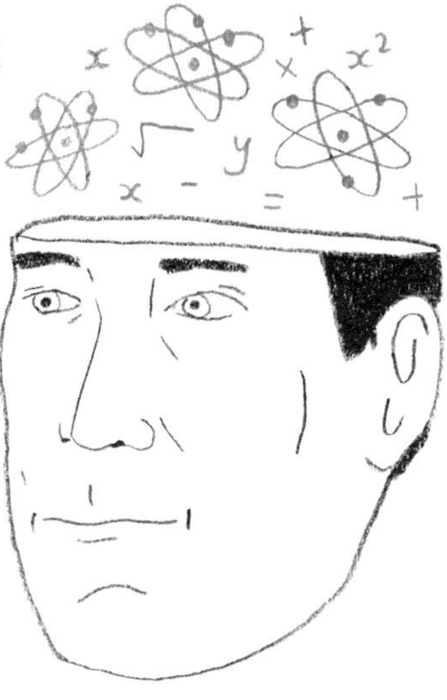

我们通常把这种认为我们没有真正的自由意志的信念叫作强决定论，但是除此之外，我们还有很多种弱决定论。比如，我们也许会认为，我们的童年经历、经济因素（家境是否富裕）、父母和朋友的态度与期待，以及教育背景等因素都对我们起到了塑造的作用。因此，这些环境因素也许部分地决定了我们在生活中的种种行为。但是这并不意味着，我们从根本上来说毫无选择的自由，它仅仅意味着，我们的本质和行为不完全来自我们的自由选择。对于有些人来说，采取理性和道德的行为，做出自由的选择要比其他人更加困难。因此，如果我们试图为那些偷车兜风的小混混辩护，有一种理由便是他们“成长于不好的环境中”，如果他们的成长环境良好，他们也许不会走上歪路。在讨论自由和责任之前，我们难道不应该先考虑社会和环境因素吗？也许，我们甚至应该将“不良基因”的影响考虑在内？当然了，基因决定论也存在“强”版本和“弱”版本：也许我们所做的一切都严格由基因决定；又或许，基因像其他因素一样，仅仅在我们身上造成一种倾向，一种可以被我们克服的影响。

如果说决定论宽泛地认为，我们没有真正的自由（或者至少比我们自己想象的要少），那么其相反的观点，也就是非决定论则认为，我们的选择是由我们自己自由决定的。[这种观点偶尔也被称为自由意志论（Libertarianism），它同时是一种政治哲学流派的名字，容易让人混淆，参见下文第112—113页。]正如前文所述，非决定论的立场对于许多政治学说都很重要，它通常假设我们能够为自己的行为负责。正如有人持强决定论观点，也有人持强非决定论观点。比如说，法国存在主义哲学家**让-保罗·萨特**（Jean-Paul Sartre，1905—1980）认为“存在先于本质”，他认为我们之所是（我们的“本质”）并不由人的自然本性，或者基因，或者任何外部因素决定，而一定是在我们进入存在之后做出的选择决定了我们的本质。因此，是我们的选择，而非其他任何事物定义了我们：“在生活中，人承担自己的义务，绘制自己的自画像，除了这幅自画像外别无他物。”回到那些偷车贼，萨特会认为，无论环境施加了什么情有可原的影响，他们都应当为自己的决定负责——他们不能怪罪自己的出身。因此萨特的自由观念是绝对的；即使身陷囹圄或者面对着枪口，你仍旧是“自由”的，因为你仍然能够去选择你该怎么应对这类情况。因此，自由并不意味着对生活完全的控制，不意味着你能得到你想得到的一切，而是拥有按照我们自己的意志去思考和行动的自由。即便看上去我们的行动受到了限制，我们仍然拥有选择的自由（即使结果并非如我们所愿）。

基本哲学问题

政治自由的本质是什么？它与更为深刻的自由意志问题有何关系？

萨特本人在政治上非常活跃，所以我们不应该假设他并不关心政治自由。然而就政治自由而言，绝对自由和强决定论一样问题重重。暂且不论我是否真的拥有意志自由，如果无论在任何情境下我们都是自由的，那么它将如何帮助我们决定（例如）国家对我们行使的权力可以有多大，或者它又该如何决定社会能够允许我合法做哪些事情？

中间立场——相容论

按理说，如果我们采取中间立场，我们会得到一个在政治上

> 人的自由……在于，当他有意愿、有欲念、有倾向做一件事时，他不会受到阻碍。
>
> ——托马斯·霍布斯

更加有用的定义。这样的观点被称为相容论，它认为人拥有一定程度的自由（他或她可以做出选择并为自己的选择负责），但它同时也为超出个体控制的影响因素（环境、社会，甚至基因因素）留出了可能性。因此，尽管相容论者会认为，在某种意义上，事物都由因果关系决定，我们仍然可以认为，如果我们的行动基于我们自身的动机，我们便是自由的。

英国哲学家**托马斯·霍布斯**（Thomas Hobbes，1588—1679）便是一位著名的相容论者。在其政治哲学著作《利维坦》(1651）中，他将自由描述为“没有障碍”。换句话说，如果你想做些什么，你就可以去做，没有人会阻碍你，我们可以就此而论，你有做这件事的“自由”。因此，政治自由就是不受外部强迫的自由，个人可以在法律的框架内遵循自己的合理欲求。当然，法律本身是外部约束的一种形式：法律不允许你做某些事情，而如果你违反法律，国家将有权通过暴力，或通过人身监禁夺走你的部分自由，强迫你遵守法律。因此，你的自由的限度将取决于法律和国家权力的限度。所以霍布斯认为，只要你遵循法律，那么你在生活中就拥有一片仅仅属于你自己的空间，在这个空间里你可以是自由的。

公平而论，国家应当至少管理我们部分的社会行为，毕竟，我们的行为会影响他人，可能会减损他人的自由。偷车贼虽然很想要我的布加迪威龙，但这和我想要拥有它的欲望产生了冲突；因此，国家应当保护我的所有权，并且反对他们不当的偷车欲念。论及他们的责任，就我们所知，没有人强迫他们去偷车，既然我们可以据此认为他们有不偷车的自由，那么我们就必须让他们为自己的行为负责。

争论仍在继续……

但是，弱决定论怎么看待这个问题？所有可能导致盗窃行为的基因影响、社会掠夺、糟糕的家庭环境该如何被我们纳入考量？对于他们是否应当从轻发落？国家是不是有责任去改变这些决定性因素？

自由意志和决定论之争由来已久，甚为复杂，并且将长久地持续下去，可以说人类在这个问题上仍然没有达成完全的共识。同样，如你所见，尽管这是另外一个议题，但它和政治自由问题有着莫大的关联。因为，即使我们承认每个人都拥有自由意志，每个人是否享有平等的自由意志，以及外部因素起到了怎样的作用，这些仍然都是问题。

抉择时刻

尽管我们倾向于以非黑即白的方式思考犯罪和法律问题，但经过仔细的审视之后，我们会发现它并没有那么简单。尽管偷车贼可能拥有霍布斯意义上的“自由意志”，但他们仍然是社会、生物和环境作用的产物。所以，尽管我们倾向于同意萨特，认为每个人都平等地拥有“绝对自由”，但是如果我们采取更加公正也更富有同情心的视角，我们就会看到这样一种可能性：也许有其他因素塑造和影响了小偷的选择。如果我们和他们交换彼此的背景，难道我们就能够确保自己会和他们不一样吗？

朋友说我太胖了。虽然没错，但这跟他有什么关系？

霍布斯 ‖ 马基雅维里 ‖ 柏拉图 ‖ 密尔

有些人的友谊感情牢固、令人奋进、忠诚率真，而且经得住考验，但是还有些人的友谊很脆弱，只要一点无心的言论就能让它破裂。所以这样看来，这一切似乎取决于你和这位朋友的友谊是什么类型，以及底线在哪里。然而，你的行为如何影响其他人，以及他人可以干涉你的生活到何种程度，乃是政治哲学的一大核心关切。这里我们主要关注的是，你个人的权利与他人不被你的行为所影响的权利之间潜在的矛盾。

秩序，秩序

在回答这个问题的时候，许多哲学家倾向于秩序而非自由。**托马斯·霍布斯**对人性的态度非常悲观，因此他认为国家应当是全能的，应当拥有掌控一切、无孔不入的权力。对于霍布斯来说，维持社会秩序有着无上的重要性，为了达到这个目的，国家对个人做再多的干涉都在所不惜。无独有偶，意大利政治哲学家**尼科洛·马基雅维里**（Niccolò Machiavelli，1469—1527）为了维系权威，鼓吹各种形式的压迫和阴险手段。他的《君主论》是一部专为未来统治者而写的教科书，尽管他在其中承认君主“最牢固的城堡就是不被人民憎恨”，但是他认为统治者不能指望自己永远为群众所支持。在面临抉择时，他认为“为人所惧怕要比为人所爱戴更安全”。即使是古希腊哲学家**柏拉图**（Plato，公元前429—前347）所设想的理想国，也容不下个人自由，它实则是一个结构精密的等级制体系，只有最“理性”的人才能够统治，而其他人则应当根据出身和教育禀赋分配到相应的位置。

古典自由主义——个体至高无上

一直到了19世纪，随着古典自由主义思潮的发展，政治哲学才开始强调个人的权利。古典自由主义的一大关键进展在于，它突出了公民自由，即那些只属于个人而不应被国家干涉的自由。英国功利主义哲学家**约翰·斯图尔特·密尔**（John Stuart Mill, 1806—1873）在《论自由》中对这种观点做出了最为著名的阐述。密尔尤其担心他所说的“多数人的暴政”，它的意思是在民主国家内，多数人的权力会压制社会中少数人的利益和观点。为了解释密尔的观点，我们可以假设一个民主国家的绝大多数公民都是天主教徒，那么它的法律和习俗（比如关于婚姻和离婚的法律，关于避孕和科学研究的法律）就会明显地体现出天主教的影响。在这样的民主国家里，绝大多数由选举产生的政务官和政治家将受到多数人观点的塑造，舆论和压力集团[1]会试图影响政府，令其采纳符合多数人偏好的法律，少数人以及总体而言的个体权利因此就难以得到保护。密尔提出，确保个人自由的唯一方法就是限制国家的权力，只有这样，不论个人抱有什么样的信仰，所有人才可以随心所欲，自由地行动、发言和思考，但前提是他们的行为不会对他人造成伤害。

基本哲学问题

在什么情况下，国家可以合法干预个人自由？

[1] 压力集团（pressure groups），通过政治压力来扩展自身利益的集团。——译注，下同

只有在阻止个人伤害他人的情况下，权力才能违反个人意志，被合法地施加于文明社会的成员身上。
——约翰·斯图尔特·密尔

这一观点后来被称作密尔的伤害原则，它是对个人自由的绝对辩护。对密尔而言，政府只有为了保护社会中的其他成员，才能强制人们做某事或不做某事。“只有当一个人的所作所为影响到他人时，他才应当服从社会规范。而如果他的行为只影响他自己，那么他的自由权利是绝对的。对于他自己，对于他的身体和心灵，个人有着至高无上的权力。”

因此，需要说明的一点是，“伤害”只有在作用于他人时才成问题；如果一个行为如密尔所述，只“作用于自身”，那么不论这个人的行为对自己是多么有害，国家也不能干预他。想要整天宅在家里，狂吃奶油蛋糕，最后死于冠心病？没问题！想要每晚喝

密尔的伤害原则

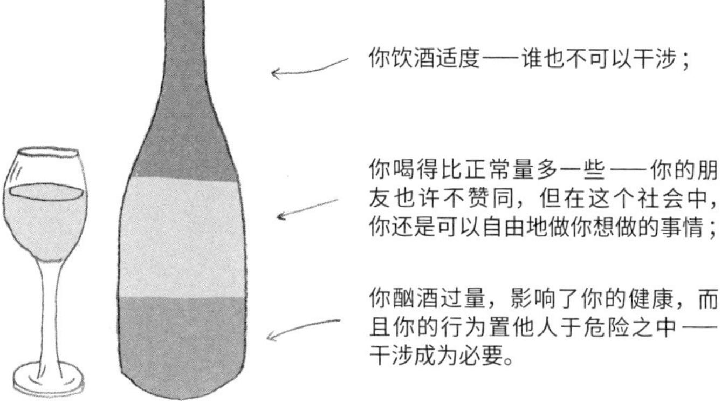

到烂醉如泥？只管去吧！当然了，你的朋友可以表示不赞同——她显然不想眼睁睁地看着你吃喝至死，所以她会试图说服你停止无度的行为或者让你求助于专业人士。但是国家不能干涉你，国家只有在你的行为会给他人造成伤害时，才可以合法地干预。酒鬼想要保住公交司机的工作自然很难，他还会变得暴躁、健忘，诸如此类。但只有在酗酒导致他玩忽职守，以至于酒驾造成车祸时，社会才可以规范他的行为。

个人自由的限制

但是，如果不是"吃奶油蛋糕慢慢吃死"，如果你计划要自杀，该怎么办？密尔从来没有明确地讨论过这个问题，但是他提出过一个相关的论点。如果你签了一份可怕的合同，令你沦为雇主的奴隶，那么尽管你是在自由的情况下同意合同条款的，但是国家依然可以干涉合同，把你从奴役中解放出来。正如密尔所说："自由的原则不能规定［一个人］可以自由地选择不自由。"我们之所以不能干涉他人自我伤害的行为，是为了保护个人自由，但到了自杀这个问题上，如果你死了，就没有自由可以保护了！那么，为了保护一个人的自由，国家就可以阻止你自杀，而这恰恰是为了确保你的自由（尽管也许听起来有点奇怪）！

但是，即使我们接受以这种方式应用密尔的原则，我们该如

凡压制个性者皆为暴政，不管它被冠以什么名目，不管它宣称是为了贯彻上帝的意志还是执行人民的命令。

——约翰·斯图尔特·密尔

诤友便是当他为你好时，是从你的立场出发的。

——亚里士多德

何区分习惯性自我伤害（可以理解为慢性自杀）和自杀（快速自杀）呢？以及你的朋友到底是以怎样的立场，可以干涉后者，却不能干涉前者？人们现在仍然在争论这个问题，尤其是在涉及安乐死等“协助自杀”的时候。但是底线在于（也许这是密尔没有呼吁干涉自杀的一个原因）：这样的干涉可能会陷入滑坡谬误：自杀是一项确凿的行为，但是对于其他类型的“伤害”的定义则在一定程度上具有主观性。你的朋友最开始只会阻止你自杀，接着就要阻止你“吃奶油蛋糕慢慢吃死”，到最后，可能会发展为完全禁止你吃奶油蛋糕——那样的世界得有多么糟糕啊！

抉择时刻

你是否“允许”朋友对你的私人事务做出评论，取决于你们的友谊是否真挚。然而，这个问题能打开一个更加广阔的领域：人是否可以按照自己的意愿自由地生活，而在什么情况下国家可以施加干预。霍布斯、马基雅维里和柏拉图都认为，对于秩序的保护应当凌驾于个人自由之上；而密尔认为，为了保护自由，我们必须限制国家的权力，使得国家权力只能干预那些会影响他人的行为。你的体重和奶油蛋糕消费量只有到了会影响你履行公共责任时，国家才有权干预。你的朋友当然可以畅所欲言——只要你还把他当朋友……

我应该在社交媒体上谨言慎行吗？

密尔 ‖ 范伯格 ‖ 格林沃尔德

你突然火了。这不是你的本意，但是你恶搞一个宗教团体的视频在网络上像病毒一样大肆传播，现在这个秘密宗教团体的高级律师试图用各种法律手段威胁你。但这是个自由的国家，对吧？你连自己想说的话都不能说了吗？

在民主社会，言论自由长期被奉为最基本的原则。美国《宪法》第一修正案确保了言论自由，《世界人权宣言》（1948）将言论自由拓展为“表达自由”，包括了言论自由和所有媒介上的写作自由。然而在实践中，为了保护公众，人们通常认为言论自由需要受到限制。

约翰·斯图尔特·密尔在《论自由》（1859）里用了很大的篇幅来捍卫言论自由的价值。在民主社会中，代表大多数的当权者通常会忍不住去压制他们眼中的极端言论、不道德言论、有害言论，甚至仅仅是反对观点（不论以何种立场）。然而，压制异议不仅会削减社会的自由，它还会在许多其他方面造成危害，其中有三点密尔认为是最重要的：

（1）（少数派的）反对观点可能是对的，而压制反对观点会让大多数人失去矫正自己错误观点的机会；

假定所有人除一人外都持同一种观点，而仅仅一人持相反观点，那么众人令那一人沉默的正当性，并不多于那一人，假使有权，令众人沉默的正当性。

约翰·斯图尔特·密尔

（2）即便少数派观点是错的，（正确的）多数派观点也能通过捍卫自身而得到加强，而我们也就更加了解它为什么是对的；

（3）也许少数派观点和多数派的观点各有各的道理——它们都是部分真理——那么自由的讨论会为我们呈现出完整的图景，而无论是双方还是社会整体，都将因此获益。

这些观点看起来都很有道理，甚至很有说服力。那么对言论的限制又是怎么回事？

伤害和侵犯

相对而言，密尔讨论限制言论自由的篇幅就比较少。这一部分是因为，他感觉在当时的社会，言论自由是受到威胁的；另一部分原因在于，为限制言论自由而辩护的理由要少于为保护言论自由所需要的论证。他认为限制言论自由的唯一基础，要么是使人不受伤害（比如煽动罪犯私闯民宅），要么是使人免于诽谤中伤（比如口头或者写文章编造事实玷污他人名誉）。除了这些情况，无论人们的言论多么不得人心，或者多么让他人感到受冒犯，都不应对这些言论进行限制，任何对于表达自由的限制都会使得自由本身受到更大的损害。

密尔观点的问题在于，他低估了不实言论可能产生的伤害。例如，种族主义者或者性别歧视者的观点也许不会导致暴力、诽谤或者中伤，但可能会助长偏执和不包容的舆论态度，而这最终会产生实际伤害。密尔可能会反驳说，多数派（反性别歧视、反种族主义）的正确观点通过理性的证明能驳倒错误观点，而错误

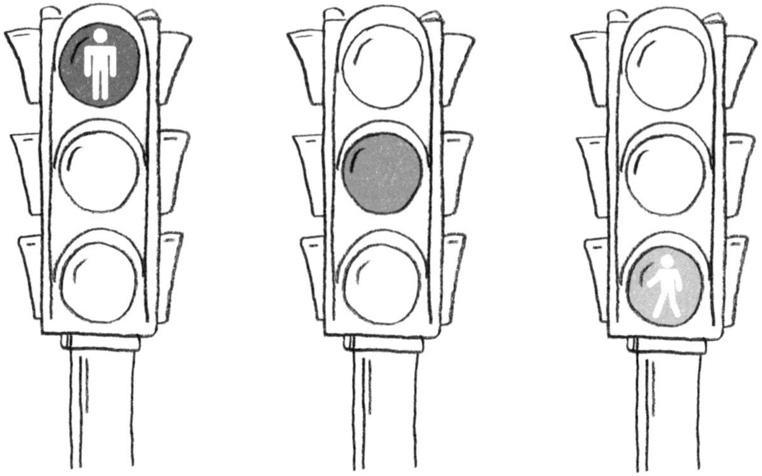

有害言论　　不得人心的言论　　言论自由

观点只会将正确观点反衬得更加强大。但是，这是否高估了人们批判性分析观点的能力？换句话说，密尔对人性和当时社会的态度过于乐观，而且过于高看人们的文化水平和理性分析能力。

美国哲学家**乔尔·范伯格**（Joel Feinberg，1926—2004）认为，对于表达自由的限制不应当仅仅局限于“伤害”，他提出了自己的观点，后来通常被称为侵犯原则。范伯格设计出一个思想实验，他设想了一种乘坐公交车的场景，你在车上目睹了很多事情，让你产生不快、厌恶、愤慨、尴尬、羞愧、生气以及其他负面情

每个人都有言论和表达的自由；这种权利包括不受干扰地保留自己意见的自由，以及在任何媒体上不受限制地寻找、获得或者发表自己意见和信息的自由。

——《世界人权宣言》

绪，但是按照密尔的定义，你没有受到任何切实的“伤害”。范伯格的观点就是，至少其中一些令人感到受侵犯的言论应当是非法的，因为我们应当避免让人们受到侵犯或打击（也就是更广义的“伤害”）。大多数自由社会确实会以这样的方式保护大众。在大多数地方，你都不能在市中心裸奔或者在当地商场做爱。

基本哲学问题

应该通过法律来限制言论自由吗？如果应该限制，依据是什么？

然而，范伯格的“侵犯”不仅不同于密尔的“伤害”，而且更加难以定义。正如我们难以定义何为“有使易受影响的人群堕落、腐化的倾向”（即所谓的希克林测试，长期以来，它都是判定何为淫秽的立法基础），要判断某件事情是否有侵犯他人的倾向，最终会落入主观和标准的多样化。随着舆论观念的不断变化，反淫秽立法在过去的一个半世纪里也不断地改弦更张。很多过去被认为是“不正确的”或者“不道德的”而遭到禁止的作品——比如詹姆斯·乔伊斯的《尤利西斯》和D. H. 劳伦斯的《查泰莱夫人的情人》——现在也被纳入经典文学的范畴中。因此，在这个互联网和边界开放的时代，有些人会认为审查和梵蒂冈的《禁书目录》（试图控制并禁止那些腐化信众信仰和道德的出版物，它本身已经在1966年被天主教会废弃了）一样，都是过时的东西。范伯格也曾试图提出几条原则，用于判断言论和出版物是否违法，例如言论涉及的范围、影响持续的时间、人们是否可以轻易回避它等，但是，侵犯原则仍然过于宽泛，且与现实存在隔阂，因此不易于应用。

言论自由的悖论

还有一些人认为，互联网让观点更容易得到分享和传播，这意味着我们需要更加警惕，而非放松言论管制。仇恨言论就是一个恰当的例子，所谓仇恨言论就是对具有特定特征（性别、种族、宗教信仰、性取向等等）的个人或者群体的言论攻击。美国对待仇恨言论的态度最为宽容，只要该言论不包含严重的人身伤害威胁就不会受到管制；但许多国家在言论方面的限制非常严格，会对犯有此类罪行的人处以罚款或者监禁。如果某个宗教教派拥有合法地位，那么你对该教派的评论，就会受到言论自由法甚至是亵渎法的约束。近年来，即使在传统的自由社会中，基于这些原因的起诉也有所增长。

美国作家**格伦·格林沃尔德**（Glenn Greenwald，1967—　）曾在《沙龙》杂志的网站上撰文谈论审查与监管的问题，他指出这种立法不仅具有一种令人担忧的威权要素，而且也无法真正实现它的目标。相反，审查制度会把特定的观点赶入地下，它们将在阴暗中继续生存且得不到讨论。因此，格林沃尔德的解决方案和密尔的相近：为了击败极端言论，我们不仅要允许它们存在，

> 给予国家权力来审查和处罚言论……永远没办法实现它原本想实现的压制或者消灭某种观点的效果。如果说它产生了什么效果的话，那也是相反的效果，它让被压制的言论进入地下，因此无法被暴露和讨论。
>
> ——格伦·格林沃尔德

还要积极地同它们对话，这样我们才能揭示出它们的错误之处。但是作如是观的他难道不会面临与密尔同样的反驳？与其说这会让更多人理性地参与到这些话题中，不如说这会让更多人受到仇恨言论的影响或伤害。

抉择时刻

尽管表达自由是《世界人权宣言》和其他法律文本的重点，但是保护人们免于仇恨和亵渎言论侵害的趋势，现在也在不断发展。基于上述理由，我们也许会同意密尔和格林沃尔德的观点，认为审查总体来说是一件坏事，但是我们可能也会认同范伯格的观点，认为某些类型的观点并不试图理性分析，而只是为了侵犯他人。当你在互联网上玩“梗”的时候，你是在表达一个严肃的观点，还是只是在简单地恶搞？即使是辛辣的讽刺也可能是合法的（例如它得到了美国《宪法》第一修正案的允许），但其他国家也许并不这样看。这取决于你生活在哪个国家。

沉迷手机有问题吗?

伯林 ‖ 柏拉图 ‖ 康德

你早上醒来做的第一件事情是什么？打开手机查看微信和社交媒体的新消息。那睡前的最后一件事情呢？你半夜醒来的时候呢？看电视的时候呢？和朋友们在一起的时候呢？或者甚至在你开车的时候（说实话，这真的不应该）？如果你的回答是肯定的，或者多数时候确实如此，你认为这样做有没有问题？但是你是自愿的——我的意思是，没人强迫你，对吧？而且如果你想，你是可以停下来的。这难道不是你的自由吗？

有些哲学家认为，所谓自由就是没有外部的阻碍。托马斯·霍布斯希望当权者能保护我们，免受公民同胞天生的违法倾向的侵害。约翰·斯图尔特·密尔则更关心多数人可能会对少数人施行暴政。但是有些哲学家并不同意这样的观点。

消极自由和积极自由

在《两种自由的概念》（1958）中，俄裔英国政治理论家**以赛亚·伯林**（Isaiah Berlin，1909—1997）提出了积极自由和消极自由的概念，并对它们进行了区分。消极自由大致对应霍布斯和密尔持有的观点：只要没有人阻碍你实现你合理、合法的欲望，你就是自由的。这种自由是“消极”的，原因在于它主要关注外在胁迫的缺失。如果你想出门散个步，只要你遵守法律，就没有人可以阻挡你，你就能随心所欲地散步。但是，如果你散步的目的地并非出于自由选择，而是被内在的需要所驱使——比如为了寻找免费的无线网络来玩手机，那又会怎么样呢？也许在这样的案例里，我们可以说你并非自由地在行动。因此，某些哲学家认为，自由不只是外在限制的缺失，自由的定义还应该包括某种事物的积极存在，一种个体超越内在障碍的能力。有时候，真正的自由意味着忽略消息提醒，关掉手机，投入更有意义的事情。

积极自由的概念要追溯到**柏拉图**，他认为人类主要由三方面构成：可以大概翻译为身体、心智和灵魂。身体会产生出难以驾驭的欲望——饥饿、口渴、情欲——以及其他需要被约束的需求。心智是理性坐落的地方，它是（或者说应当是）统领一个人的力量，引导我们的行动，为我们提供知识。灵魂的概念很难用现代心理学的术语来表述，它起到一种中间人的作用，帮助规训身体的欲望并且使它们按照理性的规则行动。当这三个方面在理性的控制下和谐运转时，我们的行动就是明智且符合道德的；当它们不能正常运转时——也许灵魂屈从于欲望而不是听命于理性——我们的行动就是愚蠢且不符合道德的。

对于柏拉图而言，在国家层面也是如此。在《理想国》中，柏拉图认为理想的政治架构应该对应理想的心理结构：最理智的人（当然是哲学家了！）被称为护卫者，应当统治国家；英勇且具有高效组织能力的人被称为武士，应当成为大臣和士兵；除他们以外的大多数则只是生产者，负责种地、捕鱼、手工业等日常营生。正如一个为

基本哲学问题

想要获得自由，仅仅是从外部约束中解脱出来就足够了吗？或者说，我们必须做一个自律的人才算自由？国家是否有义务实现并确保我们的自由？

柏拉图的理想国

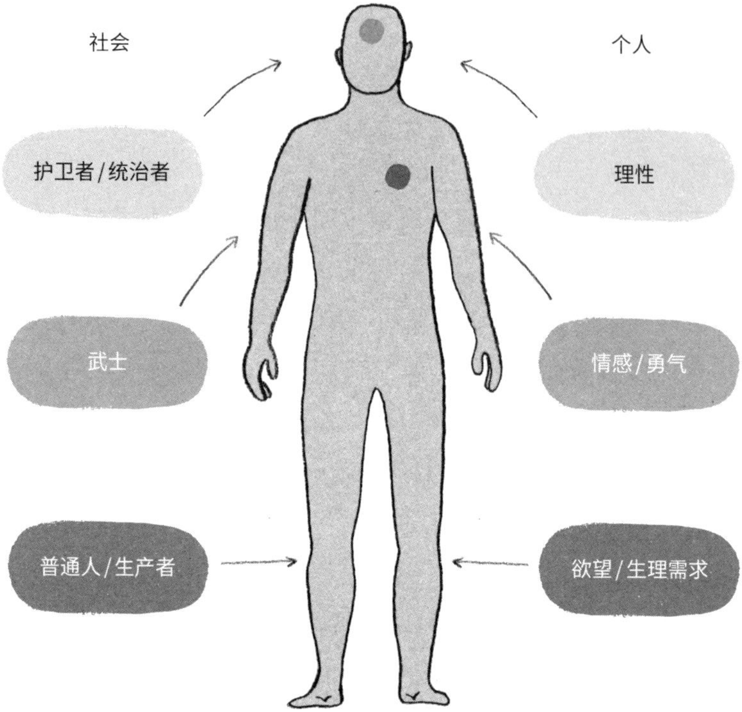

理智所主导的人是睿智的，一个有良好组织的国家（理想国）则是正义的。因此，在一个不正义的国家中，起主导作用的往往是社会的错误组成部分，比如士兵或者大众阶层（柏拉图并不喜欢民主）。

“最出色的人”

对于柏拉图来说，仅仅能自由地做你想做的事情（没有外部阻碍）是不够的；你必须成为自己的主人，这意味着你要理性地行动。德国哲学家**伊曼纽尔·康德**（Immanuel Kant，1724—

1804）把这种力量称为**自律**，即自控的能力，能够仅仅根据理性的驱动而非欲望或者冲动而行动。这种“积极”自由观的问题，正如伯林所指出的，在于它会扩大国家的权力。如果说，由理性做主的自律个体是真正自由的，那么，容易被欲望和情绪所驱使的人该怎么办？我们能说他们是**不**自由的吗？我们能说他们不能控制自己吗？如果他们是不自由的，那么谁来确保他们能够采取“正确的”行为呢？由国家出面吗？

假设你出生在柏拉图的理想国里，你会充当什么角色呢？好吧，首先，因为你无从选择，所以你没有发言权：你只能随机地成为某个渔人或者士兵的子女，或者生在护卫者的家庭，所以祈祷吧！这里没有儿女私情：在高阶层，“最出色的人”就像种牛一样配对（即所谓的**优生学**），而“不完美的人”则不能留下子嗣。不过，柏拉图的确提到过，我们必须观察人们是否有提升（或者堕落）的潜力，所以理想国也并非一个完全僵化的系统，但是这些机会只提供给青年，并没有给“晚熟的人”留出空间；你一旦定型，你一生的道路也就规划完毕了。当然了，公民也没有选择职业的自由，他们无法选择当艺术家或者诗人；事实上，柏拉图会把诗人从理想国放逐出去，因为诗人只会传播谎言！

> 在我的设想中，一些没有必要的愉悦和欲望是非法的；每个人都有这些欲望，但是在有些人那里，它们受到法律和理性的控制，并且让位于更高尚的欲望。
>
> ——柏拉图

越界

说到谎言，这三个阶层又会如何表现呢？柏拉图意识到，其社会组织体系需要某种创始神话或者创始理论，他提出应当向民众传布“高尚的谎言”：人类的三阶层乃是出于神的创造。柏拉图的高尚谎言为社会结构提供了依据，并且使人们各安其位——所有这一切自然都是为了建成一个正义且秩序良好的社会。

而这恰恰是伯林试图强调的危险。一旦自由的边界被扩大，不再仅仅保护个体的消极自由时，就会出现一种风险：国家会越界——甚至以正义、平等或者其他高尚的理由——转变成为压迫、威权和暴政。伯林生于拉脱维亚，童年时期在俄国度过，他自己亲眼见证了十月革命（1917）以及苏联如何撒下了压迫性统治的种子，而这些种子最终在约瑟夫·斯大林时期破土发芽。我们当然可以说，这种政权不符合马克思主义（一种建立于积极自由概念之上的哲学学说），而是对马克思主义的扭曲（我们会在下文继续讨论这个话题）。然而伯林认为，自由被扭曲的可能性已经为我们点明：当精英一面代表大多数的利益行动，一面又将大众视为不够理性、不够道德、不够睿智的人时，即便是最高尚的意图，也有可能遭到严重的腐化。讽刺的是，这样的精英完全

能够与意志自律共存的行为应当被允许；不能与意志自律相容的行为应当被禁止。

——伊曼纽尔·康德

会赞同你沉迷手机，因为在国家控制之下，手机能够方便地被用作监视你的工具。

抉择时刻

当我们考虑严重的成瘾（如酒精或者毒品）时，我们比较容易联想到失去自律能力的问题，但是社交媒体成瘾（如果这也算成瘾的话）则看起来相对无害（除了一些明显的反例，比如边开车边玩手机）。康德和柏拉图也许会认为，即便是这种“无害的”行为，也构成了理性控制的缺失。你当然可以反驳说，社交网络是有好处的（及时了解热点，保持和朋友的联系），而且还有许多其他无聊的成瘾问题并没有受到质疑。最终的问题在于：你能不能更好地利用你的时间？

骑电瓶车必须戴头盔吗？

康德 ‖ 亚里士多德 ‖ 黑格尔 ‖ 密尔

你去朋友家串门，然后借了他的电瓶车去商场买东西。然而，你在路上被交警拦下，因为没有戴头盔而被罚款。但是这是你自己的脑袋！政府为什么能够强迫你保护自己，并且因为你没有这么做而处罚你！

像**伊曼纽尔·康德**这样的哲学家会认为，仅仅是率性而为不足以使人自由地行动；你还必须得活在理性控制之下，或者说达到自律。然而有的哲学家走得更远，他们认为自由不仅仅是达到自律，还要有助于提升政治参与度，完善公民权利，甚至促进幸福、健康和自我实现。换句话说，政府不应该仅仅保证最低程度的自由，还应该将它最大化。而如果这意味着强制你骑电瓶车的时候戴头盔的话，那么政府就会这么做。

这种路径被称为完美主义，它通常从人性的某个角度出发，认为国家有义务帮助人们自我实现或者说走向完美。我们已经聊过柏拉图版本的完美主义（参见上文第25页），他认为理想国里的人应当根据自身的品质，从事最适合他们的职业。柏拉图的徒弟、古希腊哲学家**亚里士多德**（Aristotle，公元前384—前322）从另一个角度推进了这套理论，他认为“人类就其本质而言是政治动物”，而参与政治生活（亚里士多德指的是其古希腊语的字

> 法律是不被欲望影响的理性。
>
> ——亚里士多德

面意思，即参与城邦生活）对于实现幸福（“好的生活”或者“人的繁盛”）至关重要，因为政治生活为人们提供了社会组织，而只有在社会组织中人们才能互相保护、分享资源、发展文化并获得其他好处。亚里士多德时代的雅典面积很小，因此直接民主不仅是可行的，而且是自然而然的——政治只是日常生活的一部分（老实说，只是对于特定出身的成年男性而言，女性、奴隶和外邦工人都被排除在外）。像柏拉图一样，亚里士多德也将理性定义为人类的主要特征，而理想社会应当体现理性并为之服务：“法律是不被欲望影响的理性。”

家长主义

德国哲学家**格奥尔格·威廉·弗里德里希·黑格尔**（Georg Wilhelm Friedrich Hegel，1770—1831）从相似的角度对这个问题进行了讨论，他说“国家是达到特定目标和善好的仅有的也是最重要的条件”，并且“个体只有在成为国家的一员以后，才能够拥有客观性、真正的个体性以及道德的生活”。换句话说，对于黑格尔而言，国家不仅仅是一系列向我们行使权力的国家机构的组合，比如让我们戴上头盔，强迫我们交税；国家也是我们实现自我的最好工具，它能保证私人财产，宣传美德和法治，并且为商业和贸易、文化和艺术以及家庭和婚姻提供框架。因此，黑格尔并不认为国家与个人针锋相对，国家反而能帮助人们成为最完整的意义上的个人。

对于国家角色的此类观点通常被称为家长主义，因为在这种观点看来，国家与个人的关系近似于家长和孩子的关系。这样的政府有时候也会被称为“保姆式国家”，因为在一些人看来，它对公民的保护欲过于强烈并令人窒息了。但是，保姆式国家的保护欲不仅仅局限于电瓶车头盔，它还会告诉吉米他应该吃什么、喝什么（“那些碳酸饮料都是糖分！”），在什么情况下可以拥有枪支（如果公民可以拥有枪支的话），以及他是否可以吸烟（显然不可以）。这会让小吉米发疯——但是，管东管西难道不比他死于交通事故，在酒吧斗殴时被人开枪射杀，或者死于二型糖尿病要好吗?

亚里士多德

康德

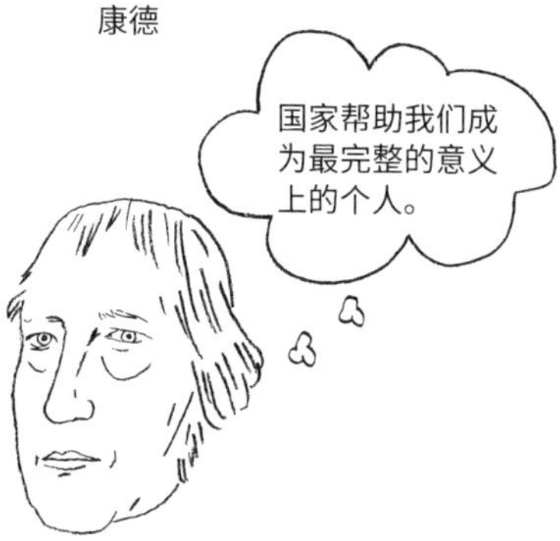

黑格尔

善意的建议

你可能会回想起，**约翰·斯图尔特·密尔**对家长主义是持批判态度的，他指出由国家出面管制“只涉及自身”的个人行为，将会损害个人自由。比起密尔，康德尽管对于自由持更“积极”的观点，但是在这一点上他同意密尔的观点，他认为尽管我们有道德责任去完善自我以及帮助他人，但我们不能**强迫**他人去完善自己，因为那会使得他们失去自由——按照康德的说法，这等于把他们当作“实现目的的工具”。我们可以**告诉**他们不戴头盔的风险，但是我们不应该将**不**戴头盔定为违法行为。

基本哲学问题
在积极保护自由以及其他善好方面，国家应该做到什么程度？

那么，如果我愿意承担死于交通事故或者死于肺癌的风险，这难道不应该由我说了算吗？嗯，是也不是。因为我的行为可能会导致一系列的后果，比如我可能因此需要医疗，比起听从国家的建议，这样做会给国家和公共资源带来更大的压力。事实上，这一逻辑对于我的许多行为都是成立的：我的饮食选择、我的运动习惯以及很多其他看起来只会给我自己带来风险（实则不然）的行为。也许你还是应该戴上头盔。

抉择时刻

有些人认为，积极自由不仅仅关乎保证基本的自律，它还关乎使得个人全面地参与社会，甚至最大限度地实现个人的潜能（完美主义）。但是，这会导致国家无法在价值取向上保持中立，而它积极提倡的价值并非所有人都会赞同。因此，尽管有很多论据支持我们拥有一定程度的积极自由——确保你在骑电瓶车的时候戴好头盔或者意识到抽烟的危害——但其中仍然包含着过度的家长主义或者压迫的风险。

如果我是一个素食主义者，我能强制别人不吃肉吗？

罗尔斯 ‖ 伯林 ‖ 金里卡 ‖ 亚里士多德

自从你看过关于屠宰场的纪录片之后，你就成了素食主义者。人类怎么能够允许这样的事情发生？动物遭受痛苦的事实让你觉得任何了解这些事实的人都会想成为素食主义者。吃肉不应该合法！

素食主义如同宗教信仰、运动或者兴趣爱好，通常被认为是一种“生活方式选择”，取决于个人之间不同的价值观念：你喜欢高尔夫球，我讨厌它；我对占星术感兴趣，你认为那是胡扯。自由国家通常不会干涉这些选择。有时候，国家会出手干预，比方说某家高尔夫球俱乐部以种族为入会选拔标准，但通常情况下，它们都保持中立。

亚里士多德或黑格尔等“完美主义”哲学家认为，国家的参与有助于帮助个人最大限度地实现个人自由，但是其他一些哲学家认为，如果国家在“什么事对你好”上插手过多，那么你将失去自行选择的自由。美国哲学家**约翰·罗尔斯**（John Rawls，1921—2002）认为，为了保障自由和平等，国家应该在公民关于“好生活”的选择上保持中立。他认为我们每个人都应该在一定程度上

作为自由人，公民之间彼此承认对方拥有理解善好之概念的道德能力。

——约翰·罗尔斯

自由选择（以及改变）我们认为对我们来说善好的东西。

选择的自由

罗尔斯和密尔一样，认为国家应该保障人们基本的自由和权利（甚至阻止社会上的不公正——我们将在下文谈及），但国家也应当允许人们有选择的自由，比如当一个素食主义者还是杂食者，信仰基督教还是持无神论观点。这样的选择——不同于如他所定义的“善好的概念”——是个人对于偏好的表达。我有持无神论观点的自由意味着，我不应该限制你信仰基督教的同等自由。也许，别人不像你一样关心动物权利，这令你感到沮丧，但是你不能阻止他们吃肉，国家也不应出手协助你（除非将动物纳入个体的集合之中，那么密尔的伤害原则就可能在这里适用）。当然，你生活的国家可能会有一些关于动物福利的特定法律，但是不会有禁止人道地宰杀特定种类动物的法律。

国家中立通常被认为是多元主义的基础，而多元主义指的是个体在社会中追求的“好的生活”可以有很多不同的版本。**以赛亚·伯林**认为，“既存在理想的多样化，也存在文化和性情的多样化”，因此在多元主义和多元文化主义之间搭建起桥梁：正如不同的个人对不同的价值或“善好”观念有不同的偏好，不同的文化也是如此。然而，多元主义和相对主义并不相同，正如伯林所指出的，喝咖啡喜不喜欢加牛奶与“我推崇善良，而你支持

哲学基本问题

为了创造一个真正自由的社会，国家是否应该在什么是“善好”的问题上保持中立？

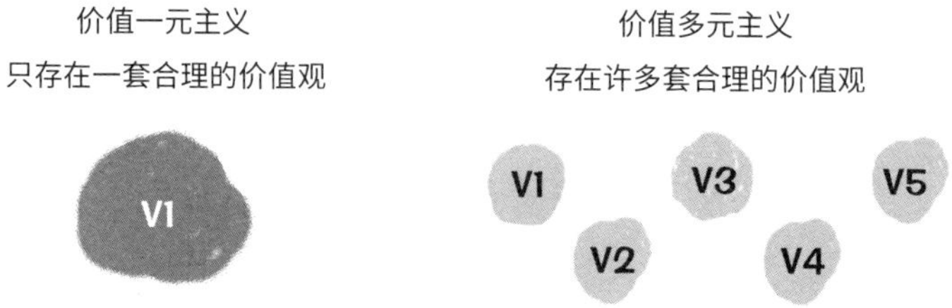

建造集中营”不是同一种差异。罗尔斯和伯林据此认为，在一定限制条件下支持“善好”的多样化，将会使得整个社会更加自由。

加拿大哲学家**威尔·金里卡**（Will Kymlicka，1962—　）更进一步，他认为即使国家试图将其价值观直接强加到个体身上，它也很可能会失败，因为“如果人们按照外部的指引，遵从他们并不认同的价值观念，他并不会过上好的生活”。而问题的答案可能在于让个人的文化背景扮演积极的角色。我们由父母抚养，在家庭中成长，我们在其中接受特定文化的价值观（锡克教、基督教、世俗主义），而这为我们的人生选择提供了背景。这样的视角为我们带来了希望，只要处理得当，多元主义和多元文化主义能够在社会中正常运转，帮助人们确认共同的价值，建立沟通的桥梁，促进交流和交换，拉近人们的距离，促使我们在社会中发挥更加充分的作用。

我的观点才是真知灼见

但是，如果你认为有些价值观念的异同实质上是对错之分，那该怎么办？也就是说，在某些领域，你或你所属的文明才持有真知灼见？价值多元主义的反面是价值一元主义（也就是说不存在多套合理的价值，只有一套合理的价值），而多元文化主义的反面是单一文化主义。单一文化主义者认为某些价值不存在替代选

亚里士多德

项，它们是善好社会的内在组成部分；也许，这些价值会帮助人们建立政治和文化的身份认同（民族主义）；或者它们基于人性，会促进个人的完善（完美主义）。例如，**亚里士多德**及其同时代人认为，古希腊文化优于“野蛮人”文化（指埃及人、波斯人或者其他非希腊人的文化）。古希腊人也像我们一样，会使用“未开化”“粗鄙”等词汇，虽然他们偶尔也会用这些词形容自己粗鲁的行为，但它们主要指代“异邦”或者“外人”。亚里士多德认为希腊文化具有优越性，因此他是一个单一文化主义者；“身为希腊人”与一些根本的价值密切相关，而身为希腊人就应当捍卫并促进这些价值。

单一文化主义的问题在于，它会导致偏执和不容异己。谁能拍板说你的生活方式选择和价值观念就要比我的优越？至于民族认同，除了少数几个最与世隔绝的国家以之外，移民对于所有国家而言都不是什么新鲜事，并且大多数国家都受到了一波波移民潮和战争征服的影响——它又如何不会继续发展下去？像澳大利亚和美国这样的国家更是谈不上什么种族的单一性，随着第一批欧洲人抵达以后，来自世界各地的人们纷至沓来，登上这些“新世界”，希望获得一个崭新的开始（也因此排挤、边缘化、压迫当地土著人口）。

如果说，像这样的国家很难在种族的立场上拒绝移民和多样性的话，那么我们同样可以认为，这些国家也很难在文化的立场上对它们说不。比如说在英国，英格兰人、苏格兰人、威尔士人和北爱尔兰人都更认可他们各自的文化身份，有些群体甚至会寻求独立；西班牙和法国的巴斯克地区、印度和巴基斯坦的克什米尔地区，以及许多其他地区都是如此。国境线也可能会变动：在过去的两个世纪里，东欧的巴尔干地区已经经历了数次分裂和重组。因此，如果我们认为某个文化或民族拥有一系列固定的特征，这种想法多少会面临重重问题。

持中间立场的国家

但是，多元文化主义同样面临着困难。有些人认为，它会助长分化，使得各民族划界分居，移民会将自己封闭在孤立的社群里，忽视东道主国家的文化和语言，并固守与主流社会格格不入的习俗。当然了，有些群体的非常规习俗会与法律相冲突，比如说有些国家的法律规定在屠宰动物前应使其昏迷，但是部分犹太教徒和穆斯林在宗教仪式上宰杀动物时并不会遵循这样的法规。而这又把我们带回到素食主义的问题。如果要让所有人都同意你的素食主义观点，国家就必须放弃它的中间立场，而这也可能会给你本人带来一系列不良后果——如果国家又推行了一些与你相左的观点，你该怎么办？将选择留给人民，难道不是更好吗？

抉择时刻

在有限的范围内（比如说高尔夫球或者艺术）谈论价值多元主义比较容易，但如果我们仔细审视不同的善好概念，我们可能会面临一些不可调和的差异。素食主义就是一个恰当的例子，尽管它可以被分类为“生活方式选择”，但许多素食主义者对于促进动物福利非常热情，并且他们在发现动物遭到不公正、不人道的待遇时会非常愤怒。毕竟，不管你持什么立场，放弃自己的“生活方式选择”看起来都是一种错误的行为；同理，吃荤似乎也并非仅仅是个人偏好，而是一件同样严肃，甚至涉及道德的事情。因此，如果我们要换一个方式讨论这个问题，我们可能要考虑动物是否拥有权利（我们将在下文讨论）。

想要大房子有错吗？

斯密 ‖ 乔姆斯基 ‖ 哈耶克 ‖ 凯恩斯 ‖ 弗里德曼

孩子出生之前，你曾经有属于自己的房间。你称呼它为书房，虽然大部分时间里你都用它来看碟、打游戏。现在，它成了儿童游戏室，因为你的孩子似乎认为电视是属于他的。找回属于你的“书房”不好吗？不如买一间更大的房子？住着狭小的公寓在道德和精神追求上似乎也没有什么值得夸耀的。人不是应该富有进取心吗？世界不就是依靠这个运转起来的吗？

经济大衰退

正是这种想要大房子的欲望（以及利用人们的这种欲望获利的念头）给我们的世界带来了一场震动寰球的金融危机。这场始于2007年的经济大衰退发端于美国的次级信贷市场，成千上万的美国人因缺乏还贷能力导致违约而失去了自己的房子，据估算，美国因此流离失所的人比20世纪30年代的“大萧条”时期还多。由于次级债务和金融巫师发明的许多“金融工具”深度绑定，大面积的违约造成了巨大的连锁效应。投资者用于获利的这些所谓的“金融工具”在本质上都是赌博，而在这个过程中，投资银行业已经完全失去了克制和谨慎，犹如一个醉酒的少年拿着爸爸的信用卡疯狂消费。

> 我们的晚餐不能指望屠夫、酿酒师和面包师的仁慈，而应当基于他们对自身利益的关注。
>
> ——亚当·斯密

随着影响的扩散，有些银行姗姗来迟地开始采取谨慎措施，几乎冻结了借贷额度（“信贷紧缩”），有些银行则彻底完蛋；人们一度认为，美国第四大投资银行雷曼兄弟是个“庞大到不可能倒闭的”机构，但是它在2008年宣布破产，结束了它长达158年的经营生涯。其他机构要么效仿，要么向公款求助纾困。在欧洲的许多国家，这场灾难导致了经济紧缩，政府为了“平衡负债”而削减了公共开支。那么这应该怪谁？

“看不见的手”

有些人认为，这应该怪苏格兰经济学家、哲学家**亚当·斯密**（Adam Smith，1723—1790），是他提出了“国富”（也用于其代表作《国富论》的书名）依赖自由市场的观念，也是他提出政府应该在市场活动中有所回避，或多或少地由商业自行规范其行为。在自由的市场中，自利的那只“看不见的手”会确保资金的不断流动：最富裕的社会阶层会消费财富，而在链条中获利的人也会继续消费，因此使得财富能够从最顶层向最底层“涓滴”。政府不需要介入其中，设置或维持价格，因为市场可以通过自然的竞争过程，以及需求和供给，确保价格的自然调控。简而言之，所有人都共赢。那么，经济危机是否表明，“看不见的手”也绝非一种万能的机制？

基本哲学问题

不受监管的经济市场能否带来更自由、更进步的社会？或者说，它反而会造成贫富差距，并阻碍机会平等？

尽管斯密经常遭到谴责，但是比起当今资本家所拥护的自由市场，经济泡沫可以追溯至17世纪……

他的“自由市场”概念要保守得多。事实上，哲学家、政治评论家**诺姆·乔姆斯基**（Noam Chomsky，1928—　）曾表示：“作为一名真正的古典自由主义者，斯密反而会强烈反对所有以他之名而施行的愚行。”尽管斯密支持自由贸易，但是按照斯密的假定，生产商和投资者会更偏好本土市场，他们不会为了节省成本而将生产环节转移到境外（如今却是普遍的行为）。此外，斯密的理论并没有将现代极其复杂的投资银行系统设想在内——他主要关心的是防止市场垄断（行业由单个企业掌控）和价格垄断（互相竞争的企业在幕后签订协议，将商品价格维持在高位）。相反，现代金融才真的迫切地需要监管。

新自由主义的兴起

事实上，自亚当·斯密的《国富论》出版至今的两百年里，前前后后已经有不少国家出台了类似的保护性法规。然而美国的里根政府和英国的撒切尔政府所推行的新自由主义政策则终结了此类保护性法规。撒切尔夫人是经济学家**弗里德里希·哈耶克**（Friedrich Hayek，1899—1992）的狂热支持者，而正是哈耶克创造了“新自由主义”这个概念。撒切尔夫人采用哈耶克的理论，是为了反驳由经济学家**约翰·梅纳德·凯恩斯**（John Maynard Keynes，1893—1946）提出的、得到一众政党支持的战后经济共识。

凯恩斯认为，最公平、最稳定的社会应该采用混合经济体制，它包括部分产业的国有化、适当的市场调控、充分就业、高税收、强大的工会以及福利国家。哈耶克不同意凯恩斯的观点，他认为这些政策会导致政府的权力过大，并且会对个人主义产生冲击——哈耶克曾生活在纳粹时代的奥地利，并从中逃离，他对这

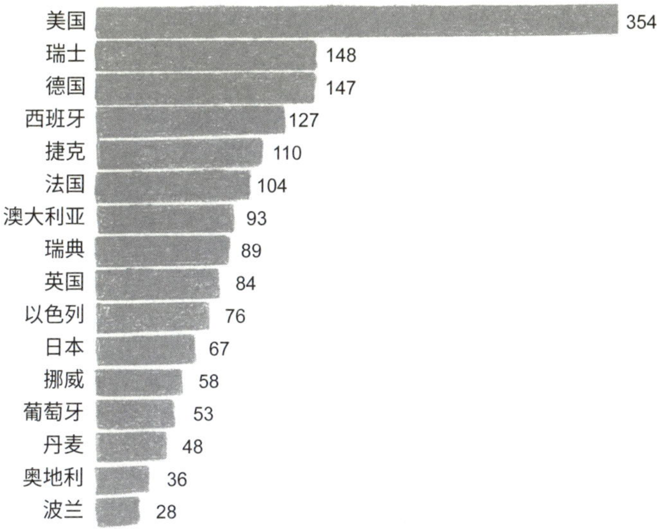

CEO工资和工人平均工资的倍数关系
（美国公司CEO的工资是工人平均工资的354倍）

一切都有着切身的体会。哈耶克将凯恩斯的政策视为集体主义的化身，集体主义会压制人类的竞争天性，因此妨碍商业发展，并由此阻碍社会的进步。在哈耶克看来，基于自由贸易的社会通常会更加自由。

因此，撒切尔、里根和政治光谱上其他政党的领袖都试图将贸易从“镣铐”中释放出来，并且逐渐废除了一系列有碍市场的金融立法。而部分新自由主义者甚至抛弃了哈耶克和斯密的建议，**米尔顿·弗里德曼**（Milton Friedman，1912—1986）等美国经济学家甚至为垄断企业辩护：为什么占据统治地位的企业就不能得到嘉奖呢?

加剧社会不平等

在奥利弗·斯通导演的电影《华尔街》中，残忍的金融家戈登·盖柯为新一代的金融机会主义者总结出了一句座右铭：“贪婪……是好事。”放松的管理带领着人们走进了全新的时代，这里有高额的奖金、令人垂涎的CEO工资，还有年轻城市商人贪婪的刻板形象：刚刚从大学里毕业，进入市场，寻找暴富的捷径。据此我们可以认为，这当然也扩大了收入差距和社会不平等。在《新少数派》（2012）中，曾经担任过撒切尔夫人政策智囊的作家、记者费迪南·芒特指出，在过去的三十年间，待遇在前1%的人群收入仍然在不断地增长，而待遇在后10%的人群收入却在下降。而且令人震惊的是，CEO的平均收入已经达到公司标准员工收入的128倍，在个别企业中甚至更高。

以上事实告诉我们，这样的经济体制显然存在问题。斯密和哈耶克所设想的总体财富自上而下涓滴的情况并没有发生。也许

> 贪婪……是好事。
>
> ——戈登·盖柯

从消极自由和基本权利的角度来看，现代的自由社会确实更加自由，但是如此大的贫富差距势必会影响积极自由、机会自由和社会流动性。此外，从金融大发展中获利的人群基本上不受市场波动的影响：正如芒特所言，在2008年金融危机的高峰期，尽管股市大跌30%，普通员工的工资要么基本上停滞不前，要么相应地下降，最顶层的管理层的工资却上涨了10%。莫非我们在为他们的大房子买单？

抉择时刻

想要大房子（或者其他好东西）本身没有错，毕竟消费欲望驱动着资本主义，而且一定程度的自利是自然且正常的。更大的问题在于，资本主义所需的不断增长是否能够持续下去。哈耶克和斯密似乎是这么认为的，但是（我们后面会看到），卡尔·马克思等思想家并不同意：全球金融危机或许是一种预示，资本主义也许有一天会自行覆灭。随着顶层的人更拼命地压榨着底层的人来获得更多的利润，不断加剧的不平等也许意味着系统性的崩塌即将来临。如果这样的趋势持续下去，那么你的买房困境可能就没有什么意义了，因为能够买得起房子的人会越来越少。

我因为人工智能而失业！我该怎么办？

马克思 ‖ 恩格斯

这就像“我有一个好消息和一个坏消息，你想先听哪一个？”的笑话，“我有个好消息！”老板说，“利润上升了！”“那坏消息呢？”“让我们欢迎HAL二号！”这并不是天方夜谭。越来越多的评论家预测，随着人工智能和机器人技术的进步，越来越多的工作会变得自动化，导致更加严重的失业状况。当然，这有助于减少低工资的机械式工作：语音识别软件可以用于呼叫中心和求助热线；未来将会出现机械清洁工，甚至无人驾驶。然而，争议不会就此结束。马丁·福特在《机器人时代》中预测办公室管理、旅游中介、法务等白领工作也会受到影响，甚至在某种程度上，艺术或音乐等富有创造力的工作也难以独善其身。

当然，这完全是资本主义的本色行为：成本最小化，利润最大化。随着资本主义的机械无休止地追逐更高的利润，我们每个人都终将变得可有可无。所以答案是什么？更强大的劳动法？保障基本收入？德国哲学家**卡尔·马克思**（Karl Marx，1818—1883）只有一个答案：**革命**。

通往共产主义之路

当马克思和他的合作者**弗里德里希·恩格斯**（Friedrich Engels，1820—1895）第一次提出共产主义时，它已不是一个全新的事物。在他们之前，已有不少历史范例，而马克思式共产主义的土壤是19世纪欧洲广泛的社会运动。马克思的贡献在于，他为这种社会模式提供了严格的经济学和哲学证明。马克思使用了详细的历史分析，他认为现代资本主义是一系列逻辑过程的结果：

第一阶段：原始共产主义（部落社会，财产共享，工作角色基于家庭关系）；

第二阶段：帝国主义（古典社会，特征是私有制、奴隶制和阶级划分）；

第三阶段：封建主义（存在于中世纪的欧洲，农奴被束缚在土地上为领主干活，而领主位于君主的统治下）。

历史进程

原始共产主义
部落社会，财产共享，工作角色基于家庭关系

帝国主义
古典社会，财产私有，奴隶制

封建主义
存在于中世纪的欧洲，农奴被束缚在土地上为领主干活，而领主位于君主的统治下

资本主义
无产阶级为资产阶级劳动

第四阶段则是资本主义，尽管较前几个阶段更加民主、更加“自由”，却以无产阶级（工人）和资产阶级（中产雇主）之间的斗争为标志，并且按照马克思的看法，这一阶段存在巨大的不平等，工人身上的负担是如此沉重，因此他们别无选择，必须起身反抗，掌握生产资料（工厂、工具等），然后组建工人国家，引领人们走向完全正义和公平的共产主义社会。

但是，马克思和恩格斯的提议不仅仅是提升工人的待遇。提高工资和减少工作时间当然都是好事，并且为其他社会运动所提倡，但是它们不够充分，因为它们并没有触及雇主和工人之间的不平等和剥削关系。既然这种不平等源自社会本身（由社会阶级、私人财产、教育水平甚至是宗教来维系，而这些要素合力构成了社会的上层建筑，反映了富人和当权者的价值观念），因此社会自身必须进行改变。在此，马克思的核心议题是异化。

人性的本质

马克思认为，生产性是人类的本质；我们的种族本性让我们总在忙着生产或制作各种东西。资本家所做的就是通过工资劳动利用了这种天性。在部落文化中，猎人和采集者可以任意食用他们狩猎或采集到的东西；即便是在一小块耕地上劳作，劳动者也能看到劳动和收获之间的直接联系。然而随着历史发展，劳动者与劳动成果之间的关系不断地遭到异

基本哲学问题

技术到底是解放了我们还是压迫了我们？技术有助于实现共产主义理想吗？

> 各尽所能，按需分配！
> ——卡尔·马克思

化。19世纪的纺织工人不再为自己做衣服，而是为了工资劳作。此外，工业化的高效率意味着，比起传统的手工方法，工人的生产效率在不断提高。然而，部落的猎人或者农村的劳动者如果提早完成了工作，他可以随心所欲地安排剩下来的时间，但是纺织工人效率的提高仅仅意味着，他们可以生产更多的衣物，而由马克思提出的剩余价值则转变为工厂主手头的利润。因此，产业工人不仅没有从技术升级中直接获利，反而更高效地被技术压榨并异化了。

苏联给我们留下了许多历史影像，里面有着面色严肃的工人向着冷峻的工厂跋涉的场景，你难免因此设想，共产主义是否提倡某种劳动伦理，比如为劳动而劳动，或者其他类似的观念，但事实并非如此。当然，马克思认为社会成员都应该尽力而为——“各尽所能，按需分配！”，这条由马克思所普及的共产主义口号就很好地表达了这一点——但是一旦工作完成，基本的需要得到满足，我们就应该随心所欲地做我们想做的事情。正如马克思和恩格斯在《德意志意识形态》（1845）中提到的，共产主义社会将使如下生活场景成为可能：“我可以今天做一件事情，而明天做另外一件事情；只要我想，我就可以早晨去打猎，下午去钓鱼，晚上去放牛，晚饭后评论时政，但我又用不着成为猎人、渔民、牧民或是时政评论家。”马克思关于打猎、钓鱼和放牛的图景也许有点

你可以说，机器是资本家用来镇压专业化劳动力之反叛的武器。
卡尔·马克思

异想天开，但是他的要旨是严肃的：关键在于不为国家（无论信奉共产主义或者资本主义）而劳动，而是重新将人与劳动成果联结起来；也许工作和休闲的区分也会逐渐消失——毕竟我们是生产性生物。

技术——解放了我们?

马克思的立场显然包含了一个反讽之处：它的成立首先需要资本主义，如果没有让工人团结起来的高压情境，如果没有工人实现自给自足的手段（工业技术），共产主义就不会发生。所以，一旦资本主义耗尽了自己——它所需求的持续增长和不断加强的压榨不能永远持续下去——共产主义就会直接产生。（因此，尚未工业化的苏联走上共产主义道路，这是一种马克思本人既无法预

> 数以千计的高技术含量的信息类岗位的消失可能是一曲前奏，未来以知识为基础的岗位将会受到更全面的影响。
>
> ——马丁·福特

见也不会提倡的情况。)

在“机器论片段”的笔记里，马克思让我们想象一台“理想的机器”，它如此强大和高效，相较而言，建造和维护它的成本微乎其微。这样的机器最终会降低所有东西的制造成本，因而也降低了资本家获利的能力。换句话说，随着自动化的持续发展，我们会需要越来越少的“劳动力”，这一演变的最终结果就是再也没有什么东西可以压榨了（不再有产生利润的“剩余价值”），资本主义也就因此崩塌。不论你认为这个思想实验是否会成功，很明显马克思并没有把社会不公怪罪到技术头上——他不是勒德分子[1]，他指望着技术能够解放我们。

令人担忧的并不是这种理想的机器是否会出现——某种意义上它毫无疑问会出现——但是它也许并不会像马克思所希望的那样，带领我们走向一个更加自由、更加平等、拥有更多闲暇的世界，而是可能会让极少数精英控制和拥有一切，而让其他所有人变得比以前更加贫穷，也更加异化。当然，还有第三种可能性：驱动资本主义机器的技术也许会像弗兰肯斯坦的科学怪人

[1] 勒德分子，指19世纪英国工业革命时期，因工作被机器代替而失业的技术工人。现在引申为持反机械化和反自动化观点的人。

一样，有一天会奋起反抗。我无法确定马克思是否会乐于见到机器人的革命。

抉择时刻

人们总是担心失业，而这种忧虑只会随着技术的发展而日益加深——现如今，它已经达到了新高。未来主义者和共产主义者都希望，技术发展会让我们走向乌托邦社会，但它也可能会造成大量失业，引发普遍的不平等。你该怎么办？要变成勒德分子吗？或者，我们可以如科幻作家伊萨克·阿西莫夫设想的那样，接受培训成为一个“机器人心理学家”？我怀疑未来世界也许会需要很多这样的专业人士。

第二章：平等

我参加的社团有各种老规矩，这公平吗？

奥威尔 ‖ 罗尔斯 ‖ 海萨尼 ‖ 桑德尔 ‖ 麦金太尔

你刚搬到一座城镇，决定加入当地的高尔夫球社团。你并非特别热爱这项运动，当然打得也不是特别好，但也许你能通过它得到适当的锻炼，结识新的朋友，并且融入社区。然而，当你浏览申请表格的时候，你开始意识到这个社团不像你预想的那么正常。比如说，会员要“证明他们是基督徒”。女性和“行为不轨者”（不管这是什么意思！）不得加入。本地人交的会费低于外来者，早期会员可以免费停车！至于高昂的会费，好吧，我们得说你暂时是买不起新车了。这地方到底是怎么回事？为什么会员之间的待遇差距如此之大？

各种各样的社群和组织的老问题在于，它们就像上述高尔夫球社团一样，容易被个人狭隘的兴趣所控制和影响。结果便是，它们很难确立对所有人都公平、公正的原则，因为每个人都有着不同的品性、价值观、教育、社会背景和目标。借用**乔治·奥威尔**（George Orwell，1903—1950）讽喻1917年俄国革命的寓言小说《动物庄园》（1945）中的表述，当需要做出影响整个农场的决定时，每种动物都最关心自身的境遇：马团体要确保自己有足够的干草，并且希望减轻工作负担；鸡团体希望受到保护，不被狐狸伤害；诸如此类。正如奥威尔的寓言一样，个人利益毫无疑问会不断地自我重申，对平等社会的高尚追求会迷失在政治伎俩和权力欲望当中，最终猪团体成了占据统治和特权地位的精英。当然，猪团体为了获取特权地位，声称可以确保社区的公平和善好，它们扬言实现这些目标必须依赖猪团体的专业知识和强力领导。

所以，在《动物庄园》里，“所有动物都仍旧是平等的”，只不过“有些动物比其他动物更平等”。那么，我们该怎么保证关于平等的言论不会沦为空洞的修辞呢？

怎样保证平等

美国哲学家**约翰·罗尔斯**尝试性地提出了这个问题的解决方案。他认为，确保社会的公平和正义，每个人在其中都享有平等地位的最好方式，是将其原则建立于他所谓的“无知之幕”之后。让我们来想象一种情况，假设你没有任何身份，没有性别，没有种族，没有天赋或者特长，没有社会地位，没有个人性格，等等。接下来，我们更进一步，假设你没有特定的信念，按照罗尔斯的定义，就是你对于什么是“善好”并无特定观念。所以你既不是民主党派也不是共和党派，既不是天主教徒也不是无神论者。罗尔斯称其为“初始位置”，然后你将在这个假定的状态中做出决定，决定你将进入的这个社会具有怎样的性质。现在，既然你没有任何特质，那么你在确定原则时就不会偏向任何一个团体。在

让部分人的富裕
建立在他人的贫困上，这也许
是现实，但并不公正。
约翰·罗尔斯

> 所有动物都是平等的，但是有些动物比其他动物更平等。
>
> ——乔治·奥威尔

替上述高尔夫球社团草拟章程时，你就无法获知你是贫穷抑或富裕（故而能够负担得起会员费），是男性还是女性，是“外来者”还是一个“行为不轨者”。所以，你为了自己即便身为弱势群体，个人利益依然能得到保护，你最明智的选择就是采取一种最大化的策略，即在不违反公正，不造成不平等的情况下，令最弱势的群体尽可能得到最多的东西。在通常意义下，这意味着不论你是何人，你都能获得足够的社会基本益品（基本的自由、机会、财富等）。回到高尔夫球社团，早期会员可能会提出“早期会员可以免费停车”，但是由于你也可能是个“外来者”，你更有可能希望让所有会员都拥有同样的停车待遇。

请注意，罗尔斯并没有询问你，人们该如何互相平等对待，而是让人们在个人利益的驱动下行动（在不知道自己身份的情况下，选择最有利于你自己的原则）。但是，如果你认为自己身为最弱势群体的可能性很小呢？奥地利裔美国哲学家**约翰·C. 海萨尼**（John C. Harsanyi，1920—2000）因此指出，事实上，由于最大化的原则是风险回避系数最高的原则，所以它并不总是最好的决策原则。例如，当面对工作选择，到底是选本地待遇很差的工作，还是选待遇很好但需要坐飞机去另一座城市的工作时，最大化原则会偏好前者，因为后者包

> **基本哲学问题**
>
> 确保社会公平和正义的最佳方式是什么？

无知之幕

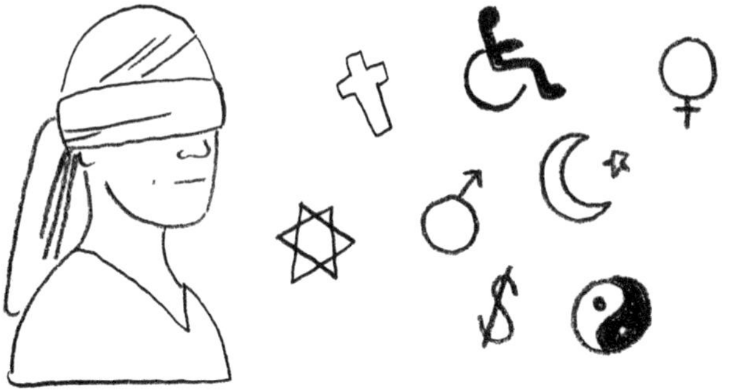

含了最坏的情形（尽管概率极低）：你可能会死于空难。

我们真的能够脱离自己的背景吗?

你也许会反对说，“初始位置”和“无知之幕”这样的概念是荒谬的，因为法律建立于现实世界中，每个人都已经有了自己的社会阶级、民族、性别、教育背景等等。因此，罗尔斯让我们悬置我们自己的要求是不可能实现的。这是美国政治哲学家**迈克尔·J. 桑德尔**（Michael J. Sandel，1953—　）提出的观点，他认为罗尔斯的理论展现了一种“脱离背景的自我”，它与塑造个人的因素是完全脱离的。桑德尔认为，我们并非在选择善好，而是在寻找或者假想善好。上述高尔夫球社团的早期会员显然在成长中吸收了某种形式的基督教信仰，而印度教徒、穆斯林和无神论者的信仰也都以类似的方式形成。当然，人们可能改宗或者放弃信仰，但是人的信仰通常并不是出于理性、刻意的选择，我们往往只是意识到我们拥有某种信仰。因此，要求人们把对于“善好”的信念搁置一旁，意味着我们可以从我们的成长过程、环境等因素中脱离出来，而这在事实上是不可能的；我们不可能轻易地将自我和信念分离开来。

苏格兰裔哲学家**阿拉斯戴尔·麦金太尔**（Alasdair MacIntyre，1929—　）同意桑德尔的观点，他指出罗尔斯的问题在于他对伦理观念的构想。麦金太尔认为，罗尔斯位于启蒙哲学的传统之中，该传统强调运用理性来解决道德和宗教争议。然而，对于麦金太尔来说，道德并不完全以理性原则为基础，它的根基还有成长经历、民族、经济水平和社会阶层等因素带来的价值观念。对于麦金太尔来说，正是这些因素"构成了我的生活前提，构成了我的道德起点"。

桑德尔和麦金太尔的这种角度被称作社群主义。社群主义强调社群和成长经历在形成和解释道德价值时所扮演的重要角色。他们认为尽管理性起到了重要的作用（比如它能够裁定人的信念是否连贯），但是它并非道德的终极根基，而不同的人的道德根基则因个体和文化而存在着差异。所以罗尔斯的提议如何能取得成功呢？

求取平等的策略？

以上观点都有理有据，如今讨论仍然在继续，而我们也无法奢望能从中得出确切的答案。然而，如果我们将罗尔斯的"无知之幕"用作一种整体的策略呢？它可行吗？我们能在多大程度上"悬

……我的家庭，我的城市，我的部落，我的民族，各种各样的情义、遗产、合理的期待和义务。它们构成了我的生活前提，构成了我的道德起点。

——阿拉斯戴尔·麦金太尔

置”我们最深刻的信念也许在一定程度上反映出，要实现真正的平等有多么困难。但是，罗尔斯并没有否认现实存在的困难；相反，他只是在描绘一种最能带来平等的思考方式。既然罗尔斯的方法属于社会契约论（我们会在下文进一步探究）的一种形式，那么“初始位置”就只是为了做思想实验而构想出来的，它更像是霍布斯、洛克和卢梭所想象的“自然状态”，因此不应该按照字面去理解。但是谁知道呢？也许在未来，科学家能发明一种药物或者技术，能够让人们暂时悬置所有个人特性，这将在谈判以及协商和平条约等方面派上大用场！（有趣的是，在2013年的电影《神秘博士：博士之时》中，类似手法就用于人类和一种变形外星人的和平谈判中。）

罗尔斯的方法对于上述高尔夫球社团有帮助吗？我并不确定。他们特定的种族和宗教信念似乎已然同所在社区深深地融为一体。当地的警察局局长是社团会员，当地的商业大亨和大学校长也是会员，而他们似乎都不觉得社团规章有任何问题。要不我还是改打保龄球吧？

抉择时刻

在历史上，绝大多数社会都在不同程度上演变出严重的不平等和不正义，它们利好某些成员，却有损于其他人。这些差异与上述高尔夫球社团的规章所依据的原则一样，通常并不是基于德性，而是涉及阶级、财富、社会背景、性别、种族和其他无关品质的特性。在为这样一家高尔夫球社团（或任何团体或协会）拟定公平的规则时，罗尔斯的原则似乎就成了一种明智的准则——确保费用对较贫穷的会员来说不会太高，当地人和外来者得到同等对待——也许罗尔斯的原则也可以这样简单地应用，而不必涉及一些更深层次的理论问题。

我应该抽时间去投票吗？

密尔 ‖ 维达尔 ‖ 罗尔斯 ‖ 尼采 ‖ 柏拉图 ‖ 丘吉尔 ‖ 乔姆斯基

又到了选举的季节，你的信箱里又塞满了传单。你扫了一眼候选人名单，发现这些人的意见与你的观点都不完全一致。此外，跟你完全意见相左的现任代表在过去三次竞选中都胜出了，这次又有可能轻松获胜。无论怎样，一旦当选，代表将会遵循他自己的良知，或者完全听凭政党的摆布。这一切似乎毫无意义。那么你应该抽时间去投票吗？

哀叹现代政治之状况的人可能会想要回望古希腊雅典的民主曙光。然而，在你热泪盈眶之前，你应当注意到雅典的民主并不是民主的典范。它有一个经常被提及的主要特征，那便是直接民主制：它不像现代的代议制民主，我们投票选出的是为我们代言的人，在直接民主制中，雅典及其周边的阿提卡领地的公民都可以在政治议程中直接投票——当然了，“所有公民”不包括女人、奴隶、获得自由的奴隶，以及外邦人，只有出生在雅典，并且完整地服过兵役的成年男性才算“公民”。虽然各种估算数字各不相同，学界通常认为雅典“公民”约占总人口的20%。

投票者的“冷漠”

如果我们将这一数字与2016年的美国总统大选（选民约占总人口的四分之三）以及其他西方民主国家进行比较，我们会发现现代民主所涵盖的人群范围更加广泛。然而，只有三分之二的选民在特朗普和希拉里的竞选中注册了，而其中有十分之一的人并未投出他们的选票。所以，在美国的选民中，只有不到60%的人真的参与了投票。在前几年的英国脱欧选举中，投票率刚刚超过70%——而这已经被认为是很高了。在2017年法国总统大选的最后一轮中（马克龙vs. 勒庞），大概四分之一的选民没有抽出时间去投票，大约11%的选民要么损坏了选票，要么投出了空票，总体投票率达近五十年来的最低值。那么，在全球公认的民主灯塔国家中，平均有四分之一到三分之一的选民不参与投票。至于地方选举和中期选举，投票人数就更低了。这是为什么？除去其他理由（比如说注册很麻烦，选民标准时有变化），主要的原因似乎是冷漠：多达三分之一的潜在选民认为选举毫无意义，也就是说无论通过什么方式，他们的声音都不会被听到。

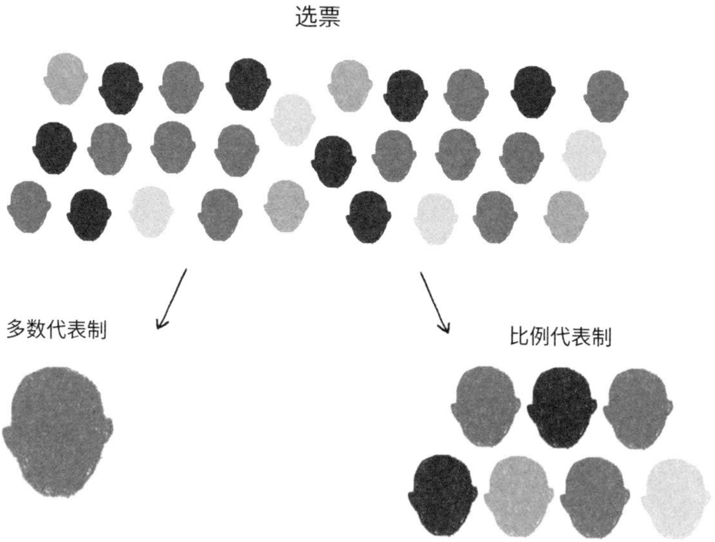

在传统的多数代表制政府中，每个选区中只有多数人可以选出代表。然而在比例代表制中，即便是选区中的少数派也能在议会获得席位（假设他们在全国范围内拿到了足够的票数）

为了解决这类问题，**约翰·斯图尔特·密尔**首先提出了比例代表制。在当下的大多数选举体制中，如果你投票支持的人最后败选了，那么你的投票将毫无作用；然而在比例代表制下，所有投给少数派的票都是有作用的，如果这些投票达到了一个特定的阈值，他们选出来的政党就可以获得一定数量的席位。这种制度的弊端在于，它可能会助长极端主义，给（比如）种族主义少数派发声的机会，而在通常的体制下他们的声音是会被淹没的。这种制度的优势则在于，它更公正地反映了人们的真实想法，而且令人信服地重燃了人们对于民主过程的热情，因为人们意识到他们的意见是可以被听到的。但是，暂且撇开政治家华而不实的言辞，比例代表制是他们真正想要的制度吗？

民主制还是寡头制？

在很多国家，“政治”对于现在的绝大多数人来说意味着“国家层面的政治”，民众主要关注国家层面和国际层面的统计数字。而随着大众媒体的兴起，政治的这一关注点有着越发中心化的倾向。虽然互联网的出现在某种程度上纠正了这种情况（在其他方面则使情况变得更糟），但是过去的三十年来，草根行动派的活跃程度普遍下降，政党结构不断流程化，政策主要由中央委员会制定。如今的政治家和社会名流争抢关注度，他们精心打造自己的社交媒体形象，雇用“舆论导向专家”和“形象顾问”，把他们自己想要传递的信息转换成大众能够消化的俏皮警句。鉴于这些的发展，愤世嫉俗者可能会认为，我们没有真正的民主，我们有的只是耸人听闻的奇观和对电视真人秀的有限参与。

在《美利坚帝国的衰落》中，美国作家、政治评论家**戈尔·**

> 在一个真正平等的民主体制中，社会中的每一部分都可以经由适当的比例得到代表。
>
> ——约翰·斯图尔特·密尔

基本哲学问题

民主的优点和缺点有哪些？它是一个有缺陷的概念吗？

维达尔（Gore Vidal，1925—2012）强调了另外一个大众关注的问题："任何一个能够筹集2500万美元参与总统大选的人，对广大群众来说都没什么意义，因为他将代表石油业、航空业、银行业或者任何愿意为他掏腰包的财团。他永远都不会代表这个国家的人民。"因此，尽管竞选美国总统的硬性要求很少（美国公民身份、年龄以及居住时长），原则上大多数美国人都可以参选，但竞选实际上需要一大笔钱。正如维达尔指出的那样，这需要竞选人与资金来源建立联系，这很有可能会让竞选人在政治理念上做出妥协——很显然，这一问题不局限于总统竞选人，各个层次上的政治家都是如此。所有这些都会让我们产生怀疑：我们到底在给谁投票？是给政治团体还是跨国商业利益？

除了金钱的影响外，人们通常还担心，政治家往往拥有共同的教育和社会背景。最近的五位美国总统（包括特朗普在内）都接受过常春藤联盟高校的教育。[1]而在英国，萨顿信托基金在2015年

[1] 2020年赢得美国大选的约瑟夫·拜登先后就读于特拉华大学和雪城大学，是自罗纳德·里根以来第二位不曾就读于常春藤联盟高校的美国总统。

进行了一项调查，发现近三分之一的现任国会议员都接受过私立学校教育（相比之下只有7%的普通人接受过私立学校教育），超过四分之一的议员在牛津或剑桥读过书。尽管我们可以反驳说，应该让最优秀的人来统治我们，而最优秀的人应该接受最优秀的教育，但毫无疑问的是，富裕阶层的孩子在教育竞争中会领先一步。财富会影响机会、信心和自我价值感，财富通常还意味着更稳定的家庭生活和更远大的社会抱负。正是这些让**约翰·罗尔斯**感到担忧，因为他提出正义原则正是为了防范这一点：这个社会并不会让最好的人自然上升到社会的顶层，反而是社会的顶层会将最好的东西都留给自己。所以，我们到底是生活在一个由人民统治的民主体制里，还是生活在一个由自私自利的特权阶层统治的寡头体制中？

羊群心态

但是，即便是精英主义自身也有拒绝民主的理由。德国哲学家**弗里德里希·尼采**（Friedrich Nietzsche，1844—1900）认为，"没有任何致命毒药的毒性可以比拟"平等原则，它助长了一种"羊群"心态，比起更高形式的人类发展，它更偏爱最低的共同标准。**柏拉图**亲眼见证了雅典的民主，却将其排在其他政体之下，仅仅高于僭主统治。他认为对于这种社会来说，"自由"只是口号，但在实践中自由意味着不受控制的放纵："每个人都做他认为对的事情，每个人都有自己的生活方式。"这对于柏拉图来说是糟糕的，因为这意味着不论在公众生活中还是在政府中都不存在智慧，而是"充斥着多样性和混乱，以及强行抹平差异，将平等和不平等等量齐观的平等"。民主无视教育和背景，不顾价值观和视野，都会给

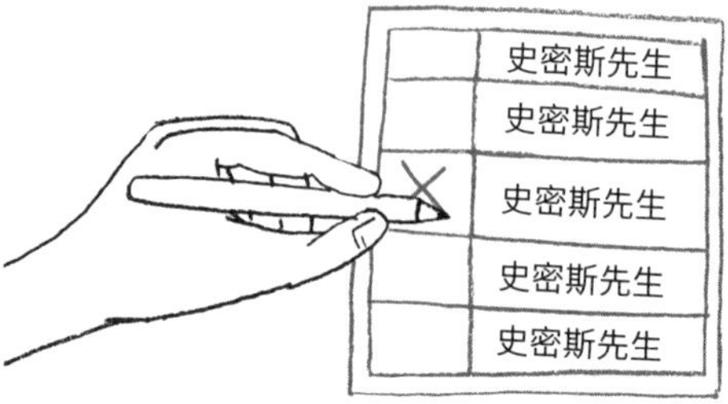

你发声的权利。

现代世界大体上拒斥了柏拉图和尼采的精英主义，认为它们已然过时。但是，我们也许可以剥离精英主义者担忧中的偏见，更换另一种表达方式：大多数人缺乏能力、训练、经验或仅仅是没有时间，无从认真考虑政治治理中涉及的复杂问题。在日常生活当中，我们习惯于从个人的角度来考虑短期的问题。我们大多数人都对现状抱有某种程度的不满，因此容易受到政治宣传和操纵的影响，而那些耸人听闻的头条新闻和“虚假新闻”往往又是由那些有权有势、相互竞争的精英所散布。这就是为什么愤世嫉俗者会进一步认为，我们拥有的民主不过是一种“受控制”的民主，而我们能够直接参与的范围十分有限。在实践中，民主又一次看起来同寡头政治有些神似。

关乎生存

很显然，由于我们生活在自由民主的国家里，我们极大地受益于这种政体赋予我们的自由和权利，而它们都是专制政体下的人们无法享受的。也许民主并没有堕落到无法修复，它只是需要革新。正如**温斯顿 · 丘吉尔**（Winston Churchill，1874—1965）所指出的（引自不知名的前辈），民主可以被视作“人类已经尝试过的所有政府形式中最不糟糕的一种”。所以虽然它有很多缺陷，但民主仍然是最糟糕的种种中最好的政府形式，一项永远在进步的事业，而民主的许多理想和目标仍值得我们为之努力、争取和投

> 我认为功利是所有道德问题的最终诉求；但这里的功利取其最为广泛的含义，基于人类作为不断进步的存在者的永恒利益。
>
> ——约翰·斯图尔特·密尔

票。事实上，正如**诺姆·乔姆斯基**所说，鉴于气候变化、贫穷、核武器、恐怖主义以及其他日益恶化、对人类生存造成威胁的状况，“民主和自由不仅仅是值得我们珍惜的价值观念；它们对生存可能也至关重要”。

抉择时刻

尽管我们对民主进程有所不满，但我们仍旧可以认为，它是目前最平等、最可靠的政府形式。毕竟，如果生活在独裁统治或专制君主的政体下，你可能连抗议的方式都没有。至少，除去柏拉图和尼采对民主制的批评外，你仍然有发言权。也许你可以借此为密尔的比例代表制辩护？或者你也可以参加竞选？

一家人看什么电视节目该谁说了算？

边沁 ‖ 洛克 ‖ 密尔 ‖ 波普尔 ‖ 黑尔 ‖ 托克维尔 ‖ 罗尔斯

如今是网飞和网络媒体、笔记本电脑和平板电脑的时代，“遥控器战争”可能不像以前那样激烈。然而，在许多家庭中，一起看电视节目的习惯并未完全消亡，仍然可能引起争吵，而在这种日渐稀少的场合下，当一家人坐下来一起看电视的时候，我们仍然需要一套策略，来决定看什么电视节目。但什么才是最好的策略？由赚钱最多的人搞良性独裁？交由长者的经验和智慧来决定？孩子应当有一些发言权，还是说他们太过年轻？无论你如何做出决定，你要考虑的公平、代表权和正义都是整个社会的微观反映。

由于我们大多数人都生活在民主国家，因此我们会自然而然地认为，“每人一票”的机制是最好的。民主的基础正是“每个人都算作一个平等个体”的理念，也就是说，你家奶奶的想法的重要性不比其他任何人多，也不比任何人少。当然，正如我们所见，实践中的情况并非总是如此。虽然你的小家庭可以享受奢侈的直接民主，但是现代民主国家主要采用代议制，当选的官员（甚至可能不是你投票支持的那个人）将代表你参与投票。即便在全民公决或者许多国家选举总统时采用的“普选”中，你的选票切切实实地算作一票，它的力量通常也会被其他因素所抵消：你无法决定全民公决的主题和条款，你也无法决定多久进行一次全民公决；而普选也许不能直接决定领导人（在美国，总统事实上由选举团决定，而选举团由各州选定的代表组成，他们并不是你直接投票产生的）。尽管如此，我们大体上仍旧认为，民主是确保你的发言权，以及你的发言权可以得到行使的最佳方式。

"最大多数人的最大幸福"

但是采用这种方法的理由是什么？虽然其根源可以追溯到古希腊，但现代民主人士大多诉诸权利或功利来为民主辩护。权利的角度我们留待后文考虑，这里我想先探讨一下，民主如何可以被视为功利主义之应用的观点，或者说国家的组织形式应确保大多数人的幸福和福利的哲学理论。功利主义学说起源于英国哲学家**杰里米·边沁**（Jeremy Bentham，1748—1832），它之所以得名功利主义，是因为它提倡那些促进功利或者效用的行为——但是，其效用针对的是什么呢？对于边沁来说，这一效用针对的是愉悦。因为愉悦是幸福的基础，而"最多数人的最大幸福是道德和立法的基础"（《边沁全集》，1843）。边沁由此拒绝了某些哲学家所青睐的"自然权利"概念，认为它是"无稽之谈"（《无政府主义的谬误》，1843），他与英国哲学家**约翰·洛克**（John Locke，1632—1704）达成共识，认为人类最开始只是一张"没有任何特性的白纸"，没有内在的知识或道德观念——因此，边沁认为，所谓"自然权利"本是无根之木。相反，我们都是寻求愉悦的机器，而我们在制定法律和道德规范时，应当以合理、合法的方式令我们的愉悦最大化。

边沁对此采用了量化的方法，甚至发明了一种"享乐计算法"，他声称这种计算方法可以衡量未来的任何行为可能产生的愉

如果功利不依附于愉悦，那么它又应该依附于什么？

——杰里米·边沁

悦或痛苦——这可以做成一个好用的手机APP！你是应该收看《权力的游戏》，还是观摩一部关于浪漫主义诗歌的纪录片？让算法来决定吧！对于边沁来说，就愉悦的质量而言，维斯特洛和华兹华斯[1]没有什么区别。边沁并非一个装腔作势之人，他并不认为愉悦的质量有高下之分，对他来说真正重要的是愉悦的数量。

衡量结果

现如今，对于边沁式功利主义的批评已经相当完备。由于功利主义聚焦个人行为，那么随着影响愉悦数量的各类因素不断改变，对于功利的计算很有可能导致政策出现不可预测的实时变化。还有一个问题在于：在判断某项行为正确与否时，结果的好坏应该有多大的权重？

假设我以功利主义为基础进行决定，那么从大型百货公司偷电视就是合理的，因为百货公司遭受的损失（它的痛苦）将远远低于我不用跟家长争夺，就能用高清电视一口气刷完《权力的游戏》所获得的愉悦。但是，如果我盗窃成功，没有被逮到，却导致一名保安被解雇（因为没有抓到我而背锅），或者导致销售助理

[1] 维斯特洛是知名剧集《权力的游戏》里的一片虚构大陆，这部剧集的故事情节主要就发生在这片大陆上，下文中的提利昂·兰尼斯特是该剧人物。威廉·华兹华斯为英国著名的浪漫主义诗人，下文中的塞缪尔·泰勒·柯勒律治也是英国著名的浪漫主义诗人。

被裁员（因为未能完成该季度的销售目标），那该怎么办？而且，我该如何量化收看高清电视所获得的幸福？也许《权力的游戏》可能会令我沮丧而非愉悦（并非不可能……），或者我的刷剧行为可能会使我忽略家人？功利主义是一种结果主义哲学：它不是说“你应该这样做，因为它是正确的”，它说“你应该这样做，因为结果会带给你更多愉悦”。这一点通常被视为它的优势：如果我们可以根据行为导致（或避免）的结果来证明它的合理性，我们就能知道它为什么是正确的。然而，如果我们不能精确地衡量和预测行为产生的结果，那么它就没有什么优势可言了。

基本哲学问题
功利主义能否为民主提供充分的辩护？

改进功利主义（一）

为了回应包括上述观点在内的各种批评，后来的功利主义者试图完善边沁的哲学。例如，**约翰·斯图尔特·密尔**提出应该从规则的角度（它们是否倾向于为社会带来更多的幸福）而不是从单一行为的角度来对行为做出判断。比起每个晚上收看不同的连续剧，密尔可能会认为，如果能够连续几个晚上把整部剧给看完，会给众人带来更多的愉悦；尽管你奶奶可能不喜欢《权力的游戏》里那些可怕的场面，但是这种反感可以被追完整部剧情，享受错综复杂、互相交织故事情节和丰富的人物角色所带来的更大的愉悦抵消掉。但是，密尔也试图优化幸福的可能含义：它不仅仅是粗野的“愉悦”，还是更精致的享受形式；如他所言：“做一个不快乐的人要好过做一头快乐的猪。”也许，如果一个人能欣赏塞缪

尔·泰勒·柯勒律治诗作的宏愿，那么他将好过只对提利昂·兰尼斯特的愤世嫉俗感兴趣。

其他功利主义者则有着其他的侧重点：奥地利裔英国哲学家**卡尔·波普尔**（Karl Popper，1902—1994）主张一种消极功利主义的形式，旨在最大限度地减少痛苦；**R. M. 黑尔**（R. M. Hare，1919—2002）则认为应当用偏好（我们关注结果是为了最大化地实现一个人的目标和抱负）这一更广泛的概念来取代愉悦（无论定义为何）。尽管这些改良方案解决了一些传统的批评，但它们仍然存在问题。不过，功利主义的问题也许不在于“善好”的本质，而在于它试图衡量善好的方法。

改进功利主义（二）

在《论美国的民主》（1835—1840）中，法国历史学家和政治评论家**亚历克斯·德·托克维尔**（Alexis de Tocqueville，1805—1859）指出了美国民主的功利主义本质，他写道，“民主的法律通常倾向于促进最多数人的福利”，而不是实现“所有人的繁荣”。总体而言，托克维尔认为这样的民主是一件好事情，因为民主政府与以等级制度为基础的系统相反，会从普通民众中吸纳统治者，民主的法律通常倾向于促进最多数人的福利。
——亚历克斯·德·托克维尔

于是乎“它的利益就与大多数公民同胞的利益相结合”。其结果就是，社会中不存在阶级压迫。然而，具有讽刺意味的是，尽管民主试图让每个人都享有平等的发言权——“每个人都算作一个平等个体”——但是相较于少数人，它又必然不可避免地偏向大多数。如果你还记得密尔的观点，这就给我们带来了多数人的暴政的风险。

因此，**约翰·罗尔斯**等后来的哲学家认为功利主义有可能导致更普遍的社会不公：只要“最多数人”拥有足够“数量”的幸福，那么剩下的人无论如何都无足轻重了。因此，寻求最多数人的幸福与确保每一个人都幸福互为殊途，它也无法保证每个人至少拥有最低限度的充足的生活质量，这显然不是功利主义力所能及的事情。归根结底，如果大多数人都喜欢看《权力的游戏》，那么奶奶被它吓得缩在角落里，又有什么要紧的？

抉择时刻

有时候，我们可以通过功利主义为民主辩护；有时候，我们会认为民主的立法应该以最多数人的最大幸福为目标。但是，问题在于它并不能使每个人都获得幸福。虽然密尔等后人都尝试改进边沁的原始版本，我们仍然面临着多数人的暴政（奶奶缩在角落里）的可能性。那么，用功利主义为民主辩护是错误的吗？约翰·罗尔斯认为，当我们将民主原则应用于收看电视的困境时，至少在奶奶打瞌睡之前，我们最好选择一档每个人都在一定程度上喜欢看的电视节目。

孩子该由谁来照顾?

伍尔夫 ‖ 亚里士多德 ‖ 柏拉图 ‖ 沃斯通克拉夫特 ‖ 密尔 ‖ 格里尔 ‖ 米利特
穆尔维 ‖ 萨琪西

你和伴侣的事业都很成功,但是其中一方怀孕了(本章为了探讨两性平等,将从异性恋伴侣的角度出发)。婴儿应该由谁来照顾?传统上,这是女性的角色,但是在当代,事态变得越来越不一样了。如果我们假设母亲的职业更重要,当她重返工作岗位时,父亲应该留在家里吗?他是否应该承担养育的责任,并做点兼职工作?还是说,家里应该雇个保姆?无论你们做出何种选择,母亲照顾婴儿的决定难道不是应该基于她自己的想法,而不是出于经济或社会的原因吗?女性不应该仅仅因为男性工资较高或者他们在家里带娃会被人瞧不起,就选择做家庭主妇。女性在现代社会中到底有多自由呢?

在《一间属于自己的房间》(1929)中,**弗吉尼亚·伍尔夫**(Virginia Woolf,1882—1941)提出威廉·莎士比亚有一个名叫朱迪丝的妹妹,她和威廉一样有才华,富有"冒险精神和想象力,拥有想要看到世界的渴望"。但是与哥哥不同的是,她没有上过学,事实上家人不允许她读书,鼓励她专心做好家务,以及吸引良婿。她被迫结婚,最终自杀。这个不愉快的故事也许代表着标准的女性主义论点,即在过去的历史长河中,女性不仅没有得到与男性相同的机会。假使她们得到了同样的机会,她们能和男性做得一样好。

争取性别平等的斗争

亚里士多德不同意男女平等。他认为女性不如男性有理性,她们像奴隶一样，需要男主人的指引。出于某种原因，他甚至认为女性的牙齿数量更少（奇怪的是，他好像从来没有认真数过）。出人意料的是，他的导师**柏拉图**反而更进步，他藐视传统，认为女性与男性一样有能力成为“护卫者”（理想国里的哲人王），甚至也可以参军打仗。他承认，要使人们接受这种新奇的性别平等观念可能需要一些时间，但他认为传统的桎梏是这种新观念面临的唯一不利因素。

然而，即使在自由民主的社会中，女性即便只是想要获得接近于男性的地位，也花费了几个世纪的时间。第一波女性主义以**玛丽·沃斯通克拉夫特**（Mary Wollstonecraft，1859—1897）和**约翰·斯图尔特·密尔**等启蒙思想家的女性主义思想为基础，其重心在于获得司法平等权——财产权、投票权和其他应得权利。但是，直到1920年，美国女性才获得与男性同等的投票权，而英国女性还要等到1928年。

尽管第一波女性主义运动在很大程度上实现了“法律文书上”的平等，但是许多女性主义者认为这还不够。澳大利亚作家**吉尔**

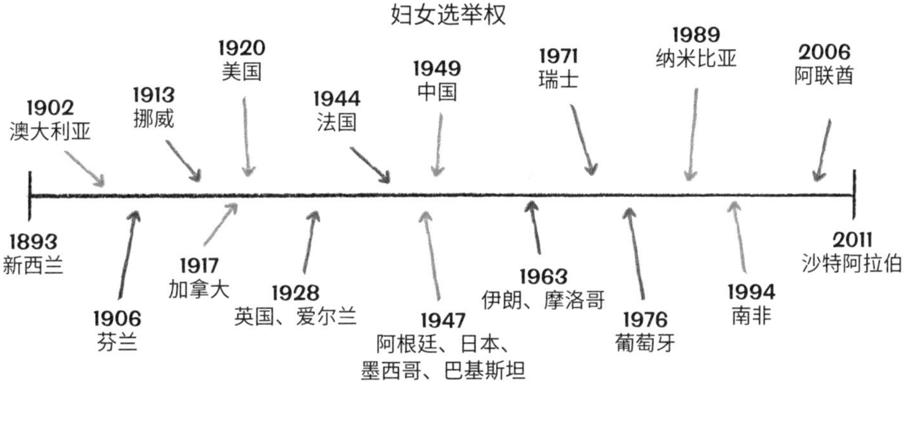

人并非出生即是天才，天才是逐渐形成的，但是迄今为止的女性处境使得这种事情几乎不可能在女性身上发生。
——西蒙娜·德·波伏瓦

曼·格里尔（Germaine Greer，1939— ）认为:“世界上大多数女性仍生活在恐惧、饥饿和沉默中，因为宗教而困守于枷锁之中，被迫缄默，遭受残害和殴打。”因此，女性问题不仅包括司法对男女平等的限制，还在于（正如密尔所担心的）习俗、规范、观念和舆论等社会因素对女性的压迫。因此，第二波女性主义试图纠正根植于社会的厌女症和男性偏见，或者像美国女性主义作家**凯特·米利特**（Kate Millett，1934—2017）所指出的，纠正整个社会的父权制。因此，要改变这种状况，女性应当改变社会看待女性的方法，改变社会“允许”她们采取的行为、发表的言论，改变她们的着装规范，并且改变“女性气质”和“得体”的内涵。

未来路漫漫

从这个角度来看，争取妇女自由的斗争远未取得胜利。暂且不说宗教氛围浓厚的传统文化，有人认为，即使是“自由”的西方社会也希望女性以特定的方式行事。1975年，女性主义电影评论家**劳拉·穆尔维**（Laura Mulvey，1941— ）在论文《视觉愉悦和叙事性电影》中提出了“男性凝视”的概念。她认为电影对于女性的刻画通常取决于男性的欲望和期望。加拿大媒体评论家**阿妮塔·萨琪西**（Anita Sarkeesian，1983— ）则指出，在漫画和游戏中，女性角色也鲜少拥有全面发展的个性，往往都是维度单薄的“刻板形

就算你可以锁上图书馆；也没有哪种门、哪种锁，或哪种门闩可以锁住我思想的自由。
弗吉尼亚·伍尔夫

基本哲学问题
性别平等对于社会有什么意义?

象”——比如“落难少女”或者“蛇蝎美人”——她们宣扬的往往是为男性所幻想的形象。如果对超级英雄漫画里的女英雄进行剖析，我们会发现这些理想化的形象往往具有明显的性意味，并且以牺牲角色的深度为代价。

当然，这并不意味着女性不应自由地表现自己的性征，而仅仅意味着她们不应受到男性期望的束缚。母性和养育子女也是如此：有些女性可能愿意成为家庭主妇，但是一个自由的社会不应将其设以女性生活方式的前提。

抉择时刻

那么这是否意味着，为了“对抗父权制”，诸位母亲就应当外出工作？好吧，这当然还是要看个人选择：如果她们选择外出工作，那么一个公平的社会就应当为她们提供支持，比如育儿津贴、产假和陪产假，以及其他“积极”自由，除此之外当然还有工资的平等。尽管法律已经出台相应的规定，但是许多国家仍然存在“基于性别的工资差距”，最近在许多高曝光度行业也出现了此类例子（比如你可以问问詹妮弗·劳伦斯、娜塔莉·波特曼等好莱坞女星）。而且，无论是哪一方抚养孩子，养儿育女本身当然也是一种“工作”。

公共设施不利于残障人士，我应该抱怨吗？

密尔 ‖ 吉利根 ‖ 马克思 ‖ 法兰克福

你同两个朋友简和吉姆去球场看比赛。但是因为人实在是太多了，你们的视线被前面的人给挡住了。幸运的吉姆个头很高，所以他起身后就可以越过人群看到比赛。但是简个头比较矮，所以她只能透过前面观众脑袋之间的缝隙看比赛。而你最不走运，困在轮椅中的你只能听到比赛的声音。这公平吗？你们都为门票支付了相同的费用，但是得到的享受并不平等。

有时候，就算我们自认为在公平地对待每一个人，但结果还是会出现不公平的情况。这是因为公平地对待人和把人视作相同的个体去对待是有区别的。我们再来思考一下性别平等。正如我们所看到的，历史上的女性权益斗争主要是为女性实现与男性相同的权利。对**约翰·斯图尔特·密尔**来说，两性在很多意义上没有根本差异："没有人敢肯定，如果女性可以像男性一样自由地选择方向，发挥天性……男女所能展现出的品性和能力上将有什么实质性的差异，或者我们可以说男女双方根本不存在任何差异。"换句话说，男女之间的差异基本上都是由社会造成的。

考虑差异

但是，许多第二波女权主义者对此观点持怀疑态度：她们并不是从天生能力的角度来论及女性和男性，而是认为仅仅把男女视作"同样的"个体去对待，是无法达到性别平等的。美国女性主义作家和心理学家**卡罗尔·吉利根**（Carol Gilligan，1936—　）

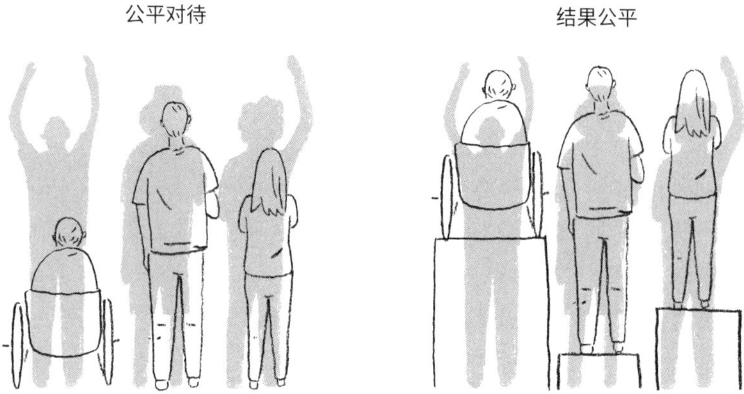

认为："男性和女性可以一边说着并不相同的语言，却以为他们在用同一种语言对话，他们实则是用相似的词汇来编码截然不同的自我体验和社会关系。"尽管吉利根不一定是在暗示两性之间存在根本性差异，比如"男人来自火星，女人来自金星"，但是她指出，由于各种社会学、心理学和生物学的原因，女性在特定的事情上可能具有不同的价值观念和视角。因此，**差异女性主义**拒绝严格的**平等女性主义**——女性要与男性"相同"——她们认为这种方法实际上并不能解放妇女，而只会创造一种去性别化的平等概念，只能供"脱离背景的自我"（在此呼应了迈克尔·桑德尔对约翰·罗尔斯的批评）自由地选择自己想要成为什么样的人。

基本哲学问题

平等难道只意味着把人视作"相同的个体"去对待吗？

然而回到赛场，虽然我们可能会认为，未能将典型的性别差异（女性往往比男性矮）考虑在内，是这座场馆给简造成糟糕的观赛体验的一大原因，但这一情景实际上涵盖的范畴要更为广泛。孩子也往往比较矮，天生的矮个子更是如此！因此，问题不仅仅在于性别歧视（也有一些女性高，也有一些男性矮），而在于没有将人与人之间的多种多样的差异因素考虑在内。这些差异可能是自然产生的（比如吉姆和简各自的身高），但也可能与生活经历（比如因为交通事故而需要坐轮椅）有关。差异也可能与文化因素相关（比方说有个叫汤姆的朋友，他没法在周日的时候看比赛，因为他的宗教信仰禁止他在周日参加这种活动）。因此，有时候对人们一视同仁会导致间接歧视：场馆老板可能并没有歧视的主观意图，但是结果造成了歧视。

用充足替代相同

那么，场馆老板该怎么办？有些人认为，他们应该诉诸结果公平，即每个人都可以平等地享受比赛。因此，如果体育场的设计方案无法解决个体差异所造成的不公平，那么答案可能就在于确保所有座位都享有不受旁人限制的视野。例如，全部配备座席的体育场（现在很常见）就可以确保所有人的视线都不受遮挡。

在上文中，我们已经发现**卡尔·马克思**会赞成这种观点（参见上文第49页）。通过重新分配财富，消灭剥削的基础（私有财产，雇佣关系），并确保所有人都拥有满足基本需求的充足物资，我们就将拥有一个公平、平等的社会。由于各种因素，人们获取利润的能力各不相同，从而导致结果的不平等，就像人们有了高薪工作，就能负担起体育场里视野更好的座位，而马克思的愿景便是“为人们建立一座全部配备座席的体育场”，因此他将废除资本主义。

但是，这里的问题不完全是某些人享受更好的视野，而是有从道德层面来看，重要的不是每个人都应该拥有相同的东西，而是每个人都应该拥有足够的东西。

——哈里·法兰克福

法兰克福的充足

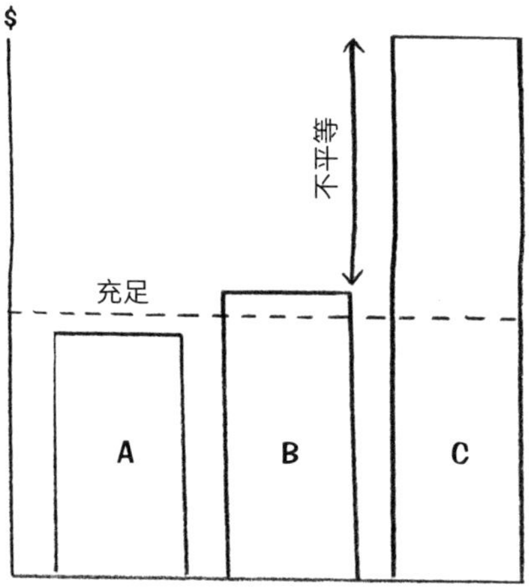

法兰克福认为，即使社会可能仍然存在不平等，但如果一个社会中最困苦的成员都拥有充足的生活品质或财富，那么社会可能仍然是公平的

些人根本看不成比赛。有些哲学家在赞成一定程度的财富或资源再分配的同时，也拒绝让平等或再分配走向极端。对于美国哲学家**哈里·法兰克福**（Harry Frankfurt，1929— ）而言，重要的是每个人都拥有充足的资源。因此，法兰克福认为，对于结果的唯一限制应该是满足穷人的基本需求。只要每个人都具备了充足的视野，那么有些人拥有更好的视野又有谁会在乎呢?

抉择时刻

严格的结果平等通常与威权社会（例如苏联）相联系。但是，许多自由社会通常将确保基本的平等作为支撑机会平等的基础（我们将在稍后讨论）。在一些国家，如果你看不成比赛，你也许能得到反歧视法的保护。因此，对于个体差异的忽视常常是一个法律问题——也许你应该考虑提起诉讼！

孩子们走上社会的时候，我应该帮他们一把吗？

孔子 ‖ 密尔 ‖ 马里昂·扬 ‖ 罗尔斯

你的三个女儿各不相同。坦率地说，大女儿懒惰且不算聪明，二女儿虽然有才华但过于谨慎，三女儿聪明又勤奋。你一生辛勤工作，也算是小有成就。当然，你给予每个女儿的爱是平等的，你希望她们都能过得幸福美满。但是，随着她们越来越接近成年和独立，你在想是否应该用自己来之不易的积蓄，在她们每个人走上社会的时候帮她们一把。

当然，你也可以切断对她们的经济援助，让她们自力更生。选择这么做的成功企业家和名人并不罕见。“我能成就今日，是因为我奋斗过，”一位电影明星富豪如是说，“如果你经历同样的困难，以后你的生活也会变得更加美好。”你的几个女儿都拥有相同的教育、背景和机会。也许，你应该放任她们去拼搏。

放任不管

这种方法着重机会平等。只要所有人都从同一个起点开始，那么赢得比赛就是因为优绩使然。长期以来，优绩制（这种观念认为，社会应当使得人们得到与他们能力、德性相匹配的财富、地位等等，即能者多得）一直是自由资本主义社会的基础，也是美国梦的基石。但是这种制度可以追溯到现代世界以前。中国哲学家**孔子**（公元前551—前479）提出应当引入考试，选拔希望在政府中任职的人，由此使社会进步以德性为基础。这种优绩制的核心在于，孔子相信人们可以通过修身实现自身的发展。子曰：“见贤思齐焉。”因此，那些培育自身品格，努力修身的人应当得见贤思齐焉。
——孔子

到奖赏。**约翰·斯图尔特·密尔**同意孔子的观点，甚至认为优秀的人应当拥有更多的选票，因为“道德高尚或者富有智慧的人的意见和判断比一般人更有价值”。

那么，我们暂且假设你不会完全切断对孩子的经济援助，而是给她们每人都资助一小笔钱，鼓励她们以此为基础发展自己的事业。这可能会导致结果的不平等：努力工作的孩子会成功，谨慎的孩子也可以把日子过好，而懒惰的孩子则会挥霍一空。正如《新约》中按才干受责任的比喻所表明的那样，由于个体差异，人们从平等机会中也会获得不同的益处。但这并不构成问题，不是吗？在相同的机会面前，社会难道不应该允许人们尽量充分利用（或不充分利用）它吗？毕竟，我们不能用平等的结果去奖赏偷懒的人和努力工作的人。如果没有差异对待——如果某些受马克思主义启发的威权政府强行赋予人们绝对的平等——那么我们的努力还有什么意义可言？它难道不会消除在孔子和密尔看来对社会繁荣至关重要的自我发展吗？

“优绩的迷思”

美国哲学家**艾里斯·马里昂·扬**（Iris Marion Young，1949—2006）强调了所谓的“优绩的迷思”：由于优绩偏于主观且难以定义，因此对于优绩的判断仅仅能反映特权精英的诉求，给予他们自我辩护的理由（“为什么我应该赚这么多钱”）。但是，我们又如

优绩的迷思

马里昂·扬认为，用统一标准来衡量不同种类的成功是一种错误的思维方式。与体育运动一样，不同领域的成功可能涉及不同的技巧和能力，并且应该采用不同的衡量方式

何能用单一的标准来比较两种涉及不同技能和专业知识，包含不同价值观念和成功标准的工作，比如教师和水管工，艺术家和医疗行业？一位艺术家可能相对贫穷，但富有创造力；医生可能从事高薪的整形外科工作，却只会迎合社会名流的虚荣心。考虑到你的三个女儿，也许“成功”不能仅靠单一的标准（财富、工作状况或其他什么）来判断，而是要依靠更为个性化的标准。人们在谈论平等的时候，常常关注金钱和资源，甚至教育也经常被人们认为是获取金钱和资源的一种手段。然而，尽管金钱和资源可以为成就提供重要的基础并确保我们的生存，但这并不意味着它们就是唯一值得欲求的最终结果。

但是，即便我们在优绩的衡量方法上达成一致，从上面的讨论中我们也可以很明显地看出，人们**并不是**在同一起跑线上出发的。勤奋也是一种天赋——勤奋的女儿无论怎样都会成功。而谨慎的孩子也许不需要你塞钱，但需要其他形式的帮助，因为阻碍她前进的实际上是缺乏自信和自尊心。即使是那个懒惰的孩子，如果她终于发现自己的使命，她也可能会取得成就。因此，让她们自力更生（或者仅仅提供一点基本的帮助）就意味着忽略已然存在的不平等和其他影响因素。

纠正不平衡

宣扬机会平等的人认为，要使机会平等发挥作用，只需要纠正人们在初始状况下固有的不平衡就可以了。当你竞聘一份工作却发现其他竞争者都上过私立学校时，你可能会认为虽然每个人都可以申请这份工作（存在着形式上的机会平等），但因为你的父母无法为更好的教育买单，所以你在竞争中并没有获得平等的地位（也就是说没有实质上的机会平等）。因此，政府应当为公立教育提供资金，并且为来自低收入家庭的学生提供补助金和奖学金，由此确保实质上的机会平等——这样，孩子们就不仅是在同一条起跑线上出发，而且还接受过相近的训练。

但是，我们仍然可以更进一步。在历史上，人们曾经因为种族、性别或者其他重要的特征而得不到多少机会，而平权法案（或者叫正面差别待遇）就尝试纠正这种历史上的歧视。因此，如果公司里的女性员工太少，雇主就可能在招聘中只录用女性。平权法案充满了争议，因为除非这种差异与工作性质有关（例如，优先雇用女性治疗师来医治男性家庭暴力的受害人），否则，这样的做法就违背了优绩的原则，并造成愤恨（“她能得到这份工作只是因为她是个女的”）。

基本哲学问题

真正的平等是否应该以机会平等和优绩为准绳？社会是否应当考虑人们的社会背景或者其他因素，并对此进行补充？

无论现实情况如何，支持机会平等的各色人士都承认，要想让机会平等运转起来，我们还有很多前置工作要完成。比如，**约翰·罗尔斯**

在“人生的赛跑”中，不同的社会背景、教育和其他优势能够让一些人在起跑线上取得领先，却让另一些人落后。国家应当纠正这样的差别吗？

就倡议“公平的机会平等”，他认为不管人们拥有怎样的经济或社会背景，社会都应该确保，每个人都有根据自身能力（尽管他认为我们应该对有才能的人的经济盈利施加限制，我们将在稍后讨论）获得成功的公平机会。不过总体而言，大多数哲学家都认为，重要的不是人们的聪明才智能起到多大的作用，而是社会是否给予你公平、平等的机会来发展这些天赋。

抉择时刻

许多支持机会平等的人认为，虽然你有一个懒惰且缺乏天赋的女儿，但无论是你还是这个社会都不应该为她过度考虑。你不应该给她更多的钱！至于那个谨慎的女儿，情况可能有所不同，因为在她那里，缺乏自尊心可能有一定的历史因素（比如尽管她接受了同样的教育，但她在学校遭到严重的霸凌）。有些人会认为，社会应该帮助她克服这种创伤。至于你的第三个女儿，她自然不用你去操心——不过，我们得假设社会信守诺言，不因为她的性别、种族或者性取向而歧视她……

我的收入与付出匹配吗？

罗尔斯 ‖ 诺齐克 ‖ 科恩 ‖ 密尔

任谁都要说，你是一个勤奋的人。你出身于一个相对富裕的家庭，你的父母支持你的志向，并且提供了资助，你接受了良好的私立教育，而且你充分抓住了这些机会。在校期间，你经常一天学习16到18个小时，每周学习总时长超过60小时。现在你来到一座大城市，成了一家医院的执业医生。你工作依旧努力，你觉得你的付出对得起你在生活中享有的优渥。事实上，你甚至开始觉得，你的价值被大大地低估了。

然而，你的同学现在在一家高档私人诊所工作，专门治疗有钱人和名人，他的收入是你的三倍之多。他邀请你同他共事，你的医术就算说不上比他好至少也和他差不多，而且显然在公立医院工作为社会贡献了更多。到底是什么因素妨碍你接下这份工作？毕竟这伤害不了任何人，对吗？

罗尔斯的原则

我们在上文已经讨论过，根据**约翰·罗尔斯**的观点，想要建立一个平等的社会，人们应当在“无知之幕”的背后对社会原则做出选择。因为人们并不知道自己是黑人还是白人，是富人或穷人，所以他们在选择社会的基本原则时会尽量确保最困苦的人也能得到公平对待。但是，这样的社会会有怎样的原则？罗尔斯确认了两条基本原则，并按照优先级做了排序。第一条同时也最具优先级的原则是（1）平等自由原则，它规定不管你是谁，你都有你会选择哪种社会？

	 社会A：严格的平等	 社会B：福利最大化原则	 社会C：最不平等
最高的收入	25	33	54
最低的收入	25	27	26
不平等系数	0	6	28
中位数收入	25	30	40

权享受各种基本益品，包括选举权、言论和集会的自由、私人财产权以及各种其他基本自由，但前提是你对基本益品的享受不侵犯他人的权利。第二条原则涉及社会和经济的不平等，罗尔斯将其分成两个部分：第一部分（2a）规定“社会只有在保证所有人都有公平的机会去获得社会里的地位和职位时”，我们才能够允许这些地位和职位包含不公平的因素（也即平等机会原则）；第二部分（2b）规定“不公平应该使得社会中最弱势的群体获得最多的助益”（也即差异原则）。也就是说，根据原则（2a），只要医生岗

首先，每个人都拥有最广泛的基本自由的平等权利；其次，该权利与他人类似的平等权利相兼容。

——约翰·罗尔斯

位向所有人（不限制种族、性别等等）开放，那么医生赚得比别人多就没有问题，而根据原则（2b），社会中最弱势的群体最需要医生（或科学家等等）。

原则（1）和（2a）都很直截了当，它们引起了很多讨论，都旨在确保基本权利和平等机会的自由主义原则。但是，差异原理（2b）更具争议性。如果你是一位特别聪明且勤奋的医生，你认为凭着自己这身技能应该获得更多报酬，那又如何？罗尔斯认为，允许社会存在不平等（你和你同学可以赚得更多）的唯一原因，就是它可以作为纠正不平等的一种手段。你的天赋、才智和社会背景在此都是不相关的因素。即便你比任何人都更加努力工作，它依然适用。我们可以想到各种条件艰苦而薪资微薄的例子，从事这些工作的人也都异常努力地劳作着，但并没有得到很高的薪水（比如清洁工、建筑工、呼叫中心接线员）。如果说努力工作是最主要的条件的话，那么假设低收入者已经充分利用了生活给予他们的条件，那么他们是不是也理所当然地可以得到更多酬劳？如果他们拥有和你一样的机会和天赋的话，他们做得不会比你差，甚至比你做得更好，那又该怎么办呢？关于这一点，罗尔斯会认为，决定你成功的大部分因素，甚至是你吃苦耐劳的精神，都不是你自己努力得到的东西，而是你在“投胎博彩”中“赚到”的东西。因此，为了确保社会的公平和公正，我们必须尽力避免这些因素给你带来不公平的优势。因此，暂且不考虑运气因素，你能得到比别人更多工资的唯一原因在于你的高工资给社会（尤其是最弱势群体）带来了益处。由于社会需要医生，所以我们可以给医生支付更多薪水，来吸引更多的人从事这份职业。

差异原则主要是为了处理分配正义，它试图以更加公正、公平的方式（向富人征税，由此为公共教育提供资金）重新分配社会益品；如果社会需要你的职业，那么你可能会在一定程度上赚得更多。但是，如果社会不那么需要你，那该怎么办？如果你是一位出色的歌星或者足球明星，那又该怎么办呢？这样的明星通常都手握着高收入，但因为足球运动员和歌手无法改善社会最弱势群体的生活，他们就不应该获得远超其他职业的收入。这公平吗？

罗尔斯的批评者

美国哲学家**罗伯特·诺齐克**（Robert Nozick，1938—2002）对罗尔斯提出了批评，他认为即便我们先行确保了社会的公平，它也会被选择自由所打乱。例如，我们可以举迈克尔·乔丹的例子，他是有史以来最成功，收入也最高的篮球运动员之一：如果他决定向每个想看他打球的人收取25美分，而有一百万人自愿支付这笔钱，那么一年过后，乔丹就已经非常富有了（在罗尔斯的眼中，这是不公正的）。但是，我们怎么可以限制人们向乔丹付钱的自由选择权利呢？其他体育明星或者歌手也是如此。诺齐克的观点是，无论我们如何努力争取平等，到了一定程度，平等一定会与自由发生冲突：你不能（也不应该）阻止人们依靠天赋牟利。

基本哲学问题

公正公平的社会应当限制或重新分配财富吗？

诺齐克主张自由优先于平等，认为罗尔斯在保护平等一事上走得太远

天赋的不平等

了，加拿大哲学家**G. A. 科恩**（G. A. Cohen，1941—2009）则认为，罗尔斯走得还不够远。在《拯救正义与平等》(2008) 中，科恩通过推理得出，即便我们采用罗尔斯的差异原则，社会上最弱势的群体“也只有在具备了富人，甚至富豪的利己主义倾向，才能够变得跟他们一样富有”。也就是说，在罗尔斯的社会中，弱势群体的生活质量仍旧会因为富裕阶层的自私自利而受到不公正的限制。罗尔斯为了激励人们，给一定程度的不平等预留了合理性：因为社会需要更多的医生，所以我们给医生支付更高的薪水，来鼓励人们成为医生。但社会顶层所具备的优势仍然存在：你在人生起跑线上的领先地位意味着，你更有可能获得那些高薪酬的职位。科恩引用**约翰·斯图尔特·密尔**的话指出，如果我们允许这种不平等，我们只是在“向富足者提供好处，向受自然界青睐者提供帮助”。既然你已经拥有这么多（社会背景、学历、才能），那么社会为什么还要给予你更多财富呢？

抉择时刻

罗尔斯认为，你拥有的社会优势和天生才能不过是因为你在“投胎博彩中了大奖”，那么你只有在为最弱势群体带来益处的前提下，才能从这些优势中合理地获得好处。本章涉及的两位罗尔斯的批评者，即诺齐克和科恩，为我们揭示了这场辩论背后两种相互竞争的价值观：自由和平等。偏爱其一就可能会影响另一个。因此，当你面对职业选择的困境时，这个问题可能事关个人价值的判断：是什么在驱使着你？你是否真的希望获得更好的生活质量，希望从让你疲惫不堪的系统中逃离出来？还是说，这仅仅是一种同情心的缺失和浅薄的自私？

国家应该补偿我的不幸吗？

罗尔斯 ‖ 德沃金 ‖ 安德森 ‖ 萨特

那一天风和日丽，你同哥哥和妈妈漫步在小道上，手里各抓着一个冰淇淋。突然间，一只海鸥俯冲而下，抢走了哥哥手中的冰淇淋！自然而然，哥哥会通过流下眼泪来表达对于自然安排的不公。这时候，妈妈强迫你把剩下的冰淇淋与哥哥分享，以此来安抚他。这是多么不公平！为什么运气不好的是他，却要你来付出代价？

现在，我们想象另一幕场景。过了几天，你和你哥哥一同出门散步，他在地上捡到了钱——只够买一个冰淇淋！他确实买了，却一点都不肯与你分享。真是个无赖！

现在，我们再想象第三幕场景。妈妈让你们帮助年迈的邻居格里姆索普夫人修剪花园。你哥哥回绝了，他说："我上次辛辛苦苦给她帮忙，可是我连口水都没喝到！"你倒是同意去帮忙了，而出乎意料的是，她付给了你一些报酬——足够买两个冰淇淋！你哥哥认为这不公平，并试图说服你给他也买个冰淇淋。你应该答应他吗？

运气的作用

这些场景阐明了运气在有关公平和平等的政治问题中所起到的不同作用。如果一些无法预料的事情给你带来了伤害，国家（你的妈妈）是否有责任弥补这种不幸？如果不受你控制的好运发生在你身上，那么国家是否有理由让你为此支付金钱或者占有发生在你身上的好运？同样的道理也适用于相对容易预测或大体上在你掌控范围内的事情——因为不管你多么努力，行为的结果总归还是要部分地取决于运气：如果你依靠自己的努力，取得了成功或者遭遇失败，那么这种应得的好结果或坏结果应该全权归属于你吗？这些问题有助于我们理解我们在上一章遭遇的问题。如果像**约翰·罗尔斯**断言的那样，国家应该重新分配财富以帮助最弱势的群体，那么这些人成为“最弱势群体”的原因（比方说因为厄运，或者因为不明智的选择）是否重要？

美国哲学家**罗纳德·德沃金**（Ronald Dworkin，1931—2013）将运气分为原生运气和选项运气两大类，试图以此回答这个问题。原生运气涉及不可预见的事情和你无法控制的事情，比如在路上捡到钱，或者冰淇淋被海鸥偷吃；选项运气涉及的是在某种程度上由你的行为导致的事情，比如帮忙修剪花园而获得报酬，买彩票中大奖。因此，选项运气就事关“深思熟虑的、经过计算的博弈会有怎样的结果，即通过接受或拒绝某项他或她提前知晓的孤立风险，从而有所收获或有所损失”。(《至上的美德》，2000）因此，你哥哥因为拒绝修建花园而错失报酬是他的选项运气（他的选择）不好，正如你选择接受并获得报酬是你的选项运气好；如果你帮了忙还没拿到报酬，那么意味着你的选项运气比他更不好（从经济上来说，虽然你们都没拿到报酬，但你付出了劳动）。但是，原生运气并非经过计算的博弈：除非你清楚附近的海鸥经常偷冰淇淋吃，或者人们经常在你们散步的路上丢钱，否则这些事件就完全是运气问题。

原生运气的例子	选项运气的例子
海鸥偷走冰淇淋	买彩票中大奖
在街上捡到钱	做家务然后得到报酬

应该得到补偿的不幸之人

通过区分原生运气和选项运气，德沃金指出国家如果出手帮助因原生运气糟糕而受苦的人（比如房子被陨石砸中了），这样做是公平的，但是如果坏运气源自人的行为，例如在对建筑一无所知的情况下，为了将两室改成一室而砸穿一道墙，由此导致整层楼垮掉，在这种情况下，国家就不应该出手帮助。以此类推，就社会际遇而言，只要贫穷不是由你的错误所致，那么国家就可以对你进行补助；但如果你是因为沉迷赌博而致贫（当然，我们还要问清楚你是不是自愿参与赌博），那么国家就不应该帮助你。

这种一般方法被称为运气均等主义，因为它试图消除原生运气给人们带来的影响，以此在福利、资源以及其他方面为人们提供平等（具体的运气均等理论互有差异，德沃金甚至不认为他的理论属于该类别）。该术语由美国哲学家**伊丽莎白·S. 安德森**（Elizabeth S. Anderson，1959—　）提出，但是她质疑我们在帮助有需要的穷人时，该不该考虑他们的贫穷是否源自他们的选择。

没有机会，能力就没有价值。

——（据说是）波拿巴·拿破仑

赌徒可能会输掉所有金钱和财产（选项运气不好），但这并不意味着我们不应该帮助他。人们有时会做出糟糕的决定，但是他们应该为此接受惩罚吗？而且，在超过一定界限之后，赌博就会像吸烟或不健康的饮食一样，变成一件并非完全自愿的行为（虽然一开始的选择是自愿的）。**让-保罗·萨特**会认为，人们*始终*有选择的余地（参见上文第8—9页），但是即便当真如此，做出糟糕决定的人是否应当承受恶果也仍然是另一个问题。

基本哲学问题

在决定平等和社会正义方面，运气起到了什么样的作用？国家在补偿不幸之人时，应该采取怎样的基本原则？

抉择时刻

人们在讨论运气的作用时，大多数争论都围绕着社会的基本益品（比如说收入），所以，冰淇淋也许根本就算不上是基本益品，因此也不应该被再分配！但是，考虑到贫穷和基本需求时，如果一个社会富有同情心，那么不管人们是为何陷入这一境地，它都应该伸出援手吗？如果你的哥哥一度酗酒成性，现在需要换肾，难道你不会把自己的一个肾脏捐给他吗？我猜这可能取决于你们的兄弟情谊如何！至于你哥哥第一次帮忙却没有得到报酬的事情，也许问题不应该由你来解决，而是应该交给你们俩的“雇主”：可是，你们俩有同格里姆索普夫人签过劳务合同吗？

第三章：权力与权威

MACHIAVELLI

我有义务帮朋友喂猫吗？

霍布斯 ‖ 洛克 ‖ 休谟 ‖ 卢梭

你的朋友要出门度假一个星期，他把猫拜托给你，让你帮忙喂养。虽然你的承诺不具有法律效力——如果你忘记他的嘱托，他也不太可能会起诉你——但是你的承诺意味着一种义务：你负有了一项喂猫的义务，而这项义务的严肃程度取决于你对待承诺（或者友谊）有多认真。这种责任观念依赖有共识的同意。这其实是有点奇怪的，比如说如果你的朋友只是简单地告诉你他要去度假了，然后告诉你他有只猫，他会很容易地认为你应该帮他喂猫。这个时候，你又如何能够打破你从未明确做出的承诺呢？

但是，这种理解似乎不适用于现代社会的法律。毕竟，你有签署过合同吗？你有被询问过是否愿意遵从朋友的请求吗？事实上并没有，你的同意似乎被当作理所当然，但这是基于什么理由呢？

长期以来，哲学家一直在考虑这个问题，而从文艺复兴时期开始，当政治的重心转向个人的权利和义务时，这个问题就变得更加紧迫了。从**托马斯·霍布斯**开始，人们就越来越关注，如何确保政治权威像统治者与被统治者之间的社会契约一样以理性的形式存在。直到今天，这种契约主义理论依然为现代民主提供基础（约翰·罗尔斯采用的便是契约主义的一种形式）。

暴政的合理性？

霍布斯支持君主制，有鉴于英国内战（1642—1651）的动乱，他以《利维坦》（1651）为君主和政府的权威做了理性的证明。如前所述，霍布斯认为需要某种形式的社会契约才能避免我们所有人互相为敌；我们应该将某些“自然权利”（例如自卫）交予“主权者”（任何形式的独立统治者），而作为回报，主权者将确保每个人都遵守规则。只有当主权者未能履行职责，从而危及我们的安全时，我们才能破坏这份契约；在这种情况下，我们的反抗就有了正当的理由。

然而，霍布斯的理论似乎证明暴政是合理的。权威应该得到人们的服从——还记得吧，你为了获得保护而放弃了自己的权利。如果主权者通过立法，将自愿的善行（比如帮朋友喂猫，帮邻居修剪草坪或者其他社区公益行为）变成法律规定，那该怎么办？比如说文明的驾驶员会遵守“行车礼仪”，而这类事情可能演变成习俗，但是只有专制社会才会将“不礼让从匝道上高速的车辆”变成违法行为。主权者也许会争辩说，确保文明驾驶对保护每个人的安全至关重要。而且暴政可以一边压迫你一边为你提供庇护，那么反抗暴政不就成了一件错事吗？但是权威难道只涉及权力吗？它是不是也应该涉及合法性的问题？除了革命之外，人们难道不应该有其他办法，促使统治者负起责任？

理性的统治

英国哲学家**约翰·洛克**对此有不同观点，他认为人类的自然状态不是霍布斯式的“所有人对所有人的战争”。因此，他对人性有更多的信心，认为人类可以利用自然理性的力量来明确权利、行为规范和社会契约，使所有人受益。洛克认为，国家不应当是一股专制权力，而更应该体现并确保人们的自然权利，在洛克看来，其中一项权利就是“任何人都不应损害他人的生命、健康、

自由或财产”。[《政府论（下篇）》，1689] 如果你觉得这些话听起来有些耳熟，那是因为洛克的思想后来影响了美国《独立宣言》(1776) 的起草者，而《独立宣言》对人类“生命、自由和追求幸福”的关切也同样基于对理性而言“不言自明”的真理。

对于霍布斯或者洛克来说，被统治者的同意都是隐含的或者默许的。在目睹某些专制政府的暴行，或者被战火蹂躏的国家的无政府状况时，有些人可能就会对国家给予他们的安全和自由感到感激，却意识不到这已然内含于自己签订的“社会契约”的条款（就和计算机软件或网络服务的无限期条款一样）。但是，他们明明没有浏览过也并不理解这些条款，你如何可以让人们遵守这份甚至是隐含的合同呢？即使我们的社会在历史上确实起源于这样一份社会契约，但是后来的公民为何又要受其约束呢？选举又该怎么办？选举难道不正是事关提供政治认可或同意吗？但明明只有多数人可以得偿所愿！

> 几乎所有现存政府，以及在历史上留下记录的政府，建立之初皆依靠掠夺或征服，或者两者兼而有之，这其中没有人民的同意或者自愿服从。
>
> ——大卫·休谟

以上这些批评来自苏格兰哲学家**大卫·休谟**（David Hume，1711—1776），他认为我们之所以遵守法律，是因为这是保护我们的自由、安全、财产等的最佳途径。由此我们可以看出，休谟的观点源自功利主义：服从有利于最大化福利。但是这种看法的问题在于，它似乎使得任何形式的反抗都不可能发生，因为即使在专制社会中，你的自由和安全所受到的保护也要多于社会完全陷入混乱的状态，即暴政优于无法无天。

基本哲学问题

当我们说我们应当遵守社会的法律时，我们的依据是什么？

“公意”

在社会契约论理论家中，法国哲学家**让-雅克·卢梭**（Jean-Jacques Rousseau，1712—1778）对人性持最乐观的看法，他说：“人生而自由，却无往不在枷锁之中。”尽管这番话算不上振奋人

心，但卢梭认为自然状态下的人是和平、自由且自给自足的；当人类因文明的胁迫而相互依靠时，他才腐化，并为不真实的激情和欲望所奴役，由此对自己是谁以及自己真正的需求产生了错误的观念。

卢梭认为社会契约不是历史事件，而是一种思想实验：如果所有人聚集在一起，想要在习惯法和义务上达成共识，那么他们达成共识所依据的理由是什么？想要理解卢梭的个人义务观念，关键就在于他所谓的“公意”。个体的人并不总能理性地行动，他们通常很自私或者带有偏见；但是公意——以抽象的形式构想人类总体的善好——必然是客观、公正的。想要理解这个概念，最好只将其视为一种理想。类似于设想“耶稣（或马克思！）会怎么行事？”公意试图将非理性的欲望和自私排除出去，并用理性代替它们。因此，国家就体现了这种理性的理想，而对于国家来说，构成国家的成员也就签订了社会契约。

在理想的状况下，国家应该是个只有城邦大小的理想国，每个公民都有直接的发言权，而他们的意志集合在一起就能体现公意。当然了，这在实际上可能并不现实。卢梭指出，其他政治制度安排虽然不够理想，但是只要主权或统治权力（无论采取何种形式）仍然能反映公意，那么这种制度仍然是可以接受的：也许这种公意反映的是人民的大多数（民主制）；也许它反映的是明智

人生而自由，却无往不在枷锁之中。

——让-雅克·卢梭

的少数（贵族制）；甚至可能只反映一个个体（君主制）。（亲爱的，也许你真该好好看看这些条款。）

抉择时刻

尽管我们对于社会的法律义务具有强制性（即形成了一份“社会契约”），但是我们与朋友和邻居的非正式约定和惯例（帮邻居喂宠物或给绿植浇水）通常不包含法律或政治义务。因此，当我们判断一个社会是否专制时，我们可以寻找此类迹象：习俗是否不再由人们自愿遵守，而是强制执行，比如说庆祝总统的生日。即使在“自由”的社会中，尽管你可以自由地质疑这样的习俗，但是不遵守它仍会给你带来麻烦（忘记亲友的生日就是个很好的例子！）。因此，我们可以说友善对待他人是一件好事，因为如果社会里的人只做社会契约要求他做的事，那么这个社会必将是个糟糕的社会。

大人出门度假的时候，家里可以让孩子说了算吗？

斯特纳 ‖ 黑格尔 ‖ 马克思 ‖ 霍布斯 ‖ 克鲁泡特金

你的孩子都快长大成人了。至少他们都自以为很酷，不愿再跟着爸爸妈妈参观一溜乏味的美术馆和历史建筑了。于是乎，你第一次面临这样的选择：在和爱人出门度假的这个星期里，你是应该安排他们住到亲友家里，还是让他们自行安排？他们都或多或少地可以照顾好自己了，但你能把自家房子托付给他们吗？交代他们喂宠物，给绿植浇水？难道最后不会陷入无政府状态吗？

通常情况下，无政府状态用于表示为缺乏秩序，处于混乱状态——在上述问题中，则意味着堆积如山的脏碗碟、溢出来的垃圾箱、损坏的家具以及未经批准的派对的痕迹。然而，无政府状态的政治含义有所不同，它源于希腊语“anarchos”，按照字面意思翻译过来就是“没有统治者”。当它被用作政治术语时，当讨论涉及国家应该在多大程度上干涉个人生活时，无政府主义者会认为，人类实现真正自由的唯一方式就是废除任何形式的政府。但是，如果社会缺少领导人，它又如何能够运作呢？

“利己主义者的联盟”

尽管我们提出了上述疑问，但是无政府主义并不是指社会彻底地失去秩序。作为一种政治哲学，不同的无政府主义倡导不同的组织形式。而不同的无政府主义理论的主要分歧在于它们是更关注个人还是更关注社会整体。

德国哲学家**马克斯·斯特纳**（Max Stirner，1806—1856）认为，无论是身处宗教抑或世俗社会，个人都无须效忠任何外部权威，而对于自由唯一的限制应该是人们达成他们想做的事物的能力。斯特纳和**卡尔·马克思**一样，在柏林研读了**格奥尔格·威廉·弗里德里希·黑格尔**的著作。在马克思身上，黑格尔对个人从属国家的强调激发出了集体主义（集体和社会整体优先于个人），但是斯特纳反对这种观点，他赞成伦理利己主义，这种观点敦促个人拒绝接受普遍的道德观念，并根据自身利益行事。

但是，这与**托马斯·霍布斯**所描绘的自然状态有何不同？到底是什么阻止人们恶意相向？至于你的家庭困境里，有什么办法能够让你家避免夏季音乐节结束后的狼藉场面？

斯特纳认为，可以用“利己主义者的联盟”（一种不由国家担保，但是经所有人主观同意成立的组织形式）替代外部权威。在斯特纳的社会中，人类没有“自然权利”，也没有国家出面来捍卫法律，你所拥有的事物全赖你自己的力量去保护：“我凭借自身力量持有的东西，就是我的东西，只要我宣称自己是持有人，我就

> 我们之间只有一种关系，就是互相利用。
>
> ——马克斯·斯特纳

是那件东西的所有者。"

因此，秩序只能靠参与各方共同的自利来维系。每个人都需要干净的盘子，因此同意轮流洗盘子符合每个人的自利。对于斯特纳而言，任何形式的社会团体都是"墨西哥僵局"[1]的结果，在这种僵局中，不相上下的利己主义者被迫为了共同利益互相合作。在这个意义上，也许他与霍布斯没有什么不同，区别只是在他的设想中，自由不靠任何外部权威（没有霍布斯所谓的全能的"利维坦式"国家）来确保，而只能依靠一种不断变化、结构松散的主观联盟。

互助

关于斯特纳的设想，我们能够提出的问题有很多。它也通常被视作是一种虚无主义和悲观思想，对于人性的看法非常黯淡。对于斯特纳来说，他人仅仅是个体达到目的的手段，而他人的价值仅仅在于他们能够派上的用场："你除了是我的食物来源外，对我而言一无是处，而我也要为你提供食物，为你所用。"但是，从另一种意义上说，这也是一种带有理想主义色彩的设想，因为它认为人们能够足够清醒，足够有原则，可以组成斯特纳所谓的"利己主义者的联盟"——因为他并不否认，这种联盟是其设想的必要条件。但是，我们也可以对这种人性观点提出质疑：难道人类不是天性喜欢群居，具有社群意识，并且会本能地组建基于人际关系和共同利益的团体吗？毕竟，你的孩子之间具有血缘关

[1] "墨西哥僵局"是指对峙的多方（至少三方及以上）由于互相的牵制作用，最后达到一种相当微妙的平衡状态。

系，难道他们之间不是必须拥有一定的情感纽带，使得他们不致像《蝇王》[1]里写的那样互相厮杀？

俄国无政府主义哲学家**彼得·克鲁泡特金**（Peter Kropotkin，1842—1921）就恰好提出了这样一种看法。克鲁泡特金认可查尔斯·达尔文的进化论，认为自然界里的不同物种为了有限资源而互相竞争。但是他也指出，在物种内部，个体会为了共同利益而相互合作，而且事实上"群体性与竞争性都符合自然的法则"。动物会成群结队地聚集，昆虫会聚集在巢穴里，它们这么做都是为了帮助自家物种争取资源和安全环境，好在全面的竞争中生存下来。在这种集体里，成员之间通常会有自然进化而来的差异，而不同的个体对于福利有着共同的关注：草原犬鼠会在幼崽玩耍时安排放哨；据观察，大象会对受伤的同类表示关心，会对死去的同类表示哀悼；甚至连老鼠也会照顾受伤的同类。克鲁泡特金不否认达尔文主义的基本原则——优胜劣汰的自然选择，为本能所驱使的无情的生存竞争——但是他认为"利他主义"，即生物个体对于他者的无私关怀，实际上是一种至关重要的生存策略："群体性是生存竞争中最大的优势"，相反，"不具有群体性的物种则注定会衰败"。

无政府主义的无政府状态

斯特纳的设想带有个人主义色彩，而克鲁泡特金的设想则与

[1]《蝇王》是英国作家、诺贝尔文学奖获得者威廉·戈尔丁的长篇小说，也是其代表作。故事发生于未来第三次世界大战中，一群六至十二岁的儿童在撤退途中因飞机失事被困在一座荒岛上，起先尚能和睦相处，后来由于恶的本性膨胀起来，便互相残杀，发生悲剧性的结果。

马克思一样，带有集体主义的倾向。但是克鲁泡特金与斯特纳一样，都拒斥为私有财产或法律提供保护的总体权威（甚至连暂时性的也不行），他们反而相信人类，相信他们在特定情形下会意识到合作策略之于生存的必要性，并产生自愿合作的自然倾向。克鲁泡特金大体上被视作一位无政府共产主义者，他赞同马克思，认为应当废除私有财产和工资劳动，这样才能建成一个基于互助的公平社会。然而，尽管这两位思想家在最终目标（一个没有阶级的自由平等的社会）上或多或少能够达成共识，但是他们对于如何实现这样的社会却存有分歧。根据克鲁泡特金对于合作的看法，他认为社会平等应该通过一个地方志愿组织结成的“水平”（非等级制）网络自下层发展起来。相比之下，马克思则认为为了实现平等，首先需要建立一个“工人国家”，而在克鲁泡特金等无政府主义者看来，这会导致威权主义（在很多情况下确实如此）。

你可能已经料到了，无政府主义也有很多形态。无政府主义者有时也被称为左翼自由意志主义者，这有时候会令人困惑，因为“自由意志主义者”现在通常被用来描述相信自由市场经济和不希望国家干预的人，比如说罗伯特·诺齐克（我们将在下文谈到）。但是，诺齐克等“右翼自由意志主义者”并不是无政府主义者，而是**最小政府主义者**，他们信奉最低限度的政府（在本章的问题里，这相当于要求你的邻居格里姆索普夫人每天到你家例行检查一下）。尽管最小政府主义与无政府主义的侧重点有所不同，但无政府主义的真正特征在于领导和权威（国家）的缺席，以及取而代之的自愿组织和联盟。

基本哲学问题

社会是否需要中央集权的领导或政府？如果没有它们，社会会变得更加自由和公平吗？

抉择时刻

当你外出度假的时候，能不能信得过孩子，让他们照顾好自己（和你们家的房子），主要取决于几个因素。他们到底是把自己视作个体还是当作集体，他们是否已经心智成熟，明白为了共同利益需要互相合作？或者，在摆脱“妈妈爸爸”国家的控制之后，他们是否会陷入无节制的寻欢作乐当中？你会认同克鲁泡特金还是斯特纳？这取决于你对人性的看法，或者说你对人性培育的看法：在你的管教下，他们是不是品性良好？

我应该在社交媒体上展示生活吗？

边沁 ‖ 福柯 ‖ 莫罗佐夫 ‖ 赫胥黎 ‖ 奥威尔 ‖ 波兹曼

互联网鼓励我们分享生活。微博会问："有什么新鲜事想告诉大家？"朋友圈会问你："这一刻的想法……"我们分享美食图片、假期摄影，推荐朋友看各种电影和电视剧，在豆瓣上给书籍打分。我们的手机会跟踪我们的位置，并通知附近的朋友——我们要不要见面喝杯咖啡？我们仿佛患上某种强迫症，要公开自己的生活。仿佛生活体验没有被载入云端并广而告之，就跟没有真正地发生过一样。这成问题吗？

当约翰·斯图尔特·密尔和约翰·洛克还在担心国家权力可能会入侵我们的生活时，数字时代的我们似乎早已愉快地将隐私拱手让出。在冷战期间，苏联的克格勃和东德的斯塔西会对普通人的告发行为进行奖励；而现在，我们却自由地告发自己，心甘情愿地向陌生人展示我们内心最深处的想法和渴望、个人品位和业余爱好。当然，从全球范围来看，国家层面的压迫和审查制度仍未消失——这个世界上仍然有许多国家，其公民的人身和政治自由受到严格限制——但是至少在西方民主国家，现代技术的互联已然使得私人空间和公共空间之间的界限遭到严重的侵蚀。

大规模监视

这番话的意思当然不是说，如今的安保工作已不如从前那么

有什么新鲜事想告诉大家？
——微博

忙碌。事实上，就近期事件显示，当今安保工作的繁忙程度已经到了史无前例的地步。2013年，时任美国国家安全局情报分析师的爱德华·斯诺登开始向各路记者透露一项名为“棱镜”的大规模监视项目，它基本上能让国家安全局访问无数人的电子信息——包括私人电子邮件、通话和短信。也许最令人震惊的是（根据斯诺登的说法），这种监视并不局限于“国家安全局感兴趣的人”，例如可疑的恐怖分子或其他国家的情报人员（“间谍”），而是可能涉及所有人，不论其身份、国籍或政治倾向。所有这些数据将被“收集”、整理起来，国家安全局将利用先进的数据检索技术和日益强大的计算机能力，从中筛选出有价值的内容（不管所谓有价值指的是什么）。

监控摄像头也存在类似的问题，在任何现代城镇或城市中，摄像头的覆盖面积都越来越广。你可能认为，在公共场所你并不享有隐私权，但是随着人脸识别技术的发展，这种监视功能还可以跟踪你，获取你的位置和行踪。这不就相当于跟踪吗？

当然，对监控权力的一般辩护是，国家有义务预防犯罪，确保公民安全。而且，具有监视的能力与积极主动地监视当然是不同的。但是，我们可能受到监视的事实对自由会有什么影响？

互联网作为环形监狱

英国功利主义哲学家**杰里米·边沁**曾为现代监狱设计过一张图纸，他称之为环形监狱。在这一环形设计中，所有囚犯牢房的房门都敞开着，并且面对着中央的瞭望塔。该设计的理念在于，如果狱警愿意，他们就可以随时查看任何一间牢房。当然，这一设计并不是为了真的让狱警时时刻刻监控所有囚犯。瞭望塔的设计结构应该

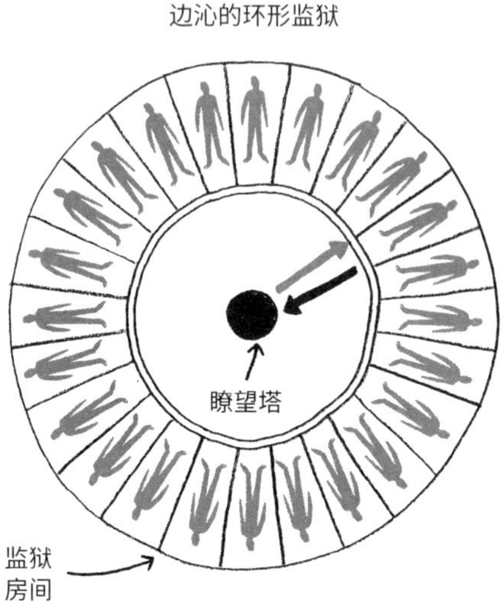

把警卫人员隐藏起来，这样任何囚犯都无法分辨警卫是否正在监视他。这样做的结果就是囚犯的行为将像随时受到监视一样，他们将有效地进行自我监管。

法国后现代主义哲学家**米歇尔·福柯**（Michel Foucault，1926—1984）将边沁的监狱设计用作政治权力的隐喻。环形监狱可以做三件事：隔离囚犯，使囚犯们永远处于权威的眼皮子底下，并使实际的监视变得多余（瞭望塔中没必要真的有人）。我们也可以用同样的话语来形容互联网和数字技术。具有讽刺意味的是，这种强大的连接能力使我们与他人隔绝——有多少次你身处一个人满为患的房间里，每个人却都沉默地沉浸在智能手机里？它还会逐渐塑造我们对自己的看法，迫使我们塑造独特的网络身份。而且，如果斯诺登是对的，那么我们可能会在任何时候受到监视——即使它从未真正发生过——而这也会鼓励我们去控制自己的行为：最后变成自我监管。

对于福柯而言，环形监狱是一种范式，可以显示权力是怎样运作的。传统上，政治权力被视为发号施令和令人服从的能力。但是福柯认为，权力的运作实际上要更为微妙。它影响着人们的生活方式——他们的选择，他们对自己的看法以及行为方式。用140个以内的字符表达自己真的很方便吗？当然，我们可以尝试退出——关掉手机，拔掉笔记本电脑的电源，等等。但是，由于社会的各个方面都受到技术发展的影响——健康和教育，休闲和工作——所以退出的想法似乎看起来越来越徒劳和难以成功。

反乌托邦的视野

但是，互联网不也是一股政治变革的力量吗？在“#metoo”运动期间，社交媒体难道不是动员了世界各地的女性，反对社会当中普遍的性骚扰现象？现代技术不也通过维基泄密和匿名黑客组织催生出的新型行动力量，帮助追究腐败势力吗？白俄罗斯作家**叶夫根尼·莫罗佐夫**（Evgeny Morozov，1984—　）同意斯诺登的观点，他认为互联网虽然有其好处，但它也使威权力量能够更好地监控民众。而且我们目前还无法预测，互联网到底会导向更强的政治参与度还是像莫罗佐夫在白俄罗斯观察到的那样，导致更为普遍的冷漠和犬儒主义。莫罗佐夫告诉我们，在白俄罗斯，“无论愤怒的推文或者短信消息多么具有说服力，它们都已然无法重新点燃大众的民主精神。白俄罗斯政府熟读赫胥黎，它所创造出来的社会充斥着享乐主义，而白俄罗斯民众已经沉溺在这个不断下坠的无尽深渊中，

> **基本哲学问题**
> 国家的监视权力是否应当受限制？权力是否会影响我们的本质？

米歇尔·福柯
1984
环形监狱的
主要作用在于，在囚犯身上
引出永久且有意识的
暴露感，由此确保
权力自动发挥作用。

无法自拔”。这里提到的赫胥黎是指英国小说家**阿道司·赫胥黎**（Aldous Huxley，1894—1963）以及他的小说《美丽新世界》（1932）。这部小说为我们展现一种反乌托邦的未来世界，故事中并不存在一个夺走人民自由的全能、全知的专制国家（如**乔治·奥威尔**在《一九八四》中设想的“老大哥”），而是通过令我们分心而使得自由被削弱，正如**尼尔·波兹曼**（Neil Postman，1931—2003）所指出的：“奥威尔担心信息会被从我们身边夺走。赫胥黎则担心，我们会被过量的信息淹没，最后陷入被动和只顾利己的境地。奥威尔担心有人向我们隐瞒真相，赫胥黎担心真相会被淹没在无关紧要的信息的海洋中。”无论最后取胜的到底是赫胥黎的还是奥威尔的反乌托邦世界，莫罗佐夫都清楚地知道这两种世界在互联网时代都有其可能性。因此，“网”能够给我们所有人带来自由的信念——他称之为“赛博乌托邦”——也许是一种虚幻。

隐私的终结

随着技术的不断发展，它与我们生活的联系也在变得越来越紧密。很快，当“物联网”真正起飞时，冰箱就会发信息告诉你没有牛奶了，而你的大门会告诉你有新的邮件来了（如果纸质邮件还存在的话）。随着这一进展的推进，私人和公共之间的界限将进一步被侵蚀。在戴夫·艾格的小说《圈子》（2013）中，一家类似谷歌的公司希望引领大家走向一个“透明”的时代，每个人都将头戴相机，全天候地公开传输他们的所见所闻、所行之事。对于我们大多数人来说，这都是一个令人极其恐惧的时代，但它确实有它的内在逻辑：如果没有隐私，就不会有犯罪或腐败；当人们被迫互相联络和分享更多的东西，被迫与他人共情，人们也就不会再有孤独感了。这值得让你放弃隐私吗？难道不值得吗？

抉择时刻

你是否正受到监视？就最近各方披露的情况来看，可以肯定地说国家具有这种监视能力，因此这实际上取决于你对国家监视公民这一行为的看法——你可能认为为了保护社会，牺牲隐私是合理的代价。就算你不认同，你的自由原本也已经是一种妥协状态。如果福柯说得对，那么个体就不仅仅处于国家的权威之下，个体也处在思想、态度和价值观的互联网络之中，而“权威”只是其中一部分。由于技术在很大程度上是由商业驱动的，因此你也应当注意你每日遵从的行程到底服务于谁。是你自己想要分享，还是因为朋友圈/微博/抖音想让你分享？你希望生活中的广告投放得更精准、更有针对性，并且让公司进一步地介入我们的私人生活吗？或者说为了在生活中享受更多的便利，获得更多让人能够分心旁骛的娱乐，这份代价是值得的吗？

现在的新闻还能信得过吗？

苏格拉底 ‖ 柏拉图 ‖ 普罗塔哥拉 ‖ 高尔吉亚 ‖ 乔姆斯基 ‖ 赫尔曼

你刚在公众号里读到一篇让你愤怒的文章。你正要分享它，但这个时候你突然停下来：这条新闻是真的吗？似乎曾有一段时间，“新闻”只是对时事的转述，但是随着社交媒体的兴起，越来越多耸人听闻且来源可疑的故事扑面而来，其目的不是要向我们传输信息，而是操纵我们的情绪并利用我们的成见。在这个充满“后真相”、“替代性事实”、阴谋论和“假新闻”的新世界中，我们该怎么辨别新闻的真伪？然而，这些情况古已有之，太阳底下并无新鲜事。

当古希腊哲学家、柏拉图的导师**苏格拉底**（Socrate，公元前469—前399）接受审判的时候，他为自己没有准备精心打磨的辩词而向陪审团道歉，如果他在回答中时有磕绊或停顿，他希望能够得到他们的原谅。这样的道歉对于今天的我们来说似乎很奇怪——真相比风格更重要，不是吗？但是，尼尔·波兹曼告诉我们，对于苏格拉底的雅典听众来说，情况恰恰相反：重要的不仅仅是说了什么，怎样说也很重要。关于出色演讲的研究被称为修辞学。听到这个词，我们现在想到的是诗歌中出现的修辞手法，或者是政客和魔鬼传道者的惑众妖言，但是对古希腊人来说，修辞学的意味要广泛得多。对他们而言，善与美，真理与雄辩都是同一事物的不同侧面：真理也应该看起来是美的。苏格拉底以丑陋和不循规蹈矩著称，对礼节也几乎不关心，因此他的同辈人认为他有罪（“败坏雅典的青年”和“拒绝承认神灵”）也许不足为奇。尽管现在大多数历史学家都认为这些指控都属于诬告，但是人是万物的尺度。
——普罗塔哥拉

就苏格拉底试图摆脱传统的思考方式而言，当时的雅典人确实尚未做好放弃它们的准备。

柏拉图和第一位“后真相者”

在深爱的老师去世后，**柏拉图**感到极为悲痛，他开始捍卫老师的声誉，并继续老师的斗争。柏拉图的大部分作品都采用“对话体”形式（哲学小品剧，其中许多对话的主角都是苏格拉底），而且他攻击的对象常常就是致其导师身亡的罪魁祸首：腐化哲学的修辞术。柏拉图认为，错误是由诡辩派导致的，而所谓诡辩派是一类专门研究修辞术的自由职业导师。由此传统催生出一种犬儒的虚无主义哲学，而**普罗塔哥拉**（Protagoras，公元前486—前411）则是最杰出的早期诡辩派之一，他因宣称“人是万物的尺度”而闻名，意指世间没有独立于人类主观性的价值观或真理。

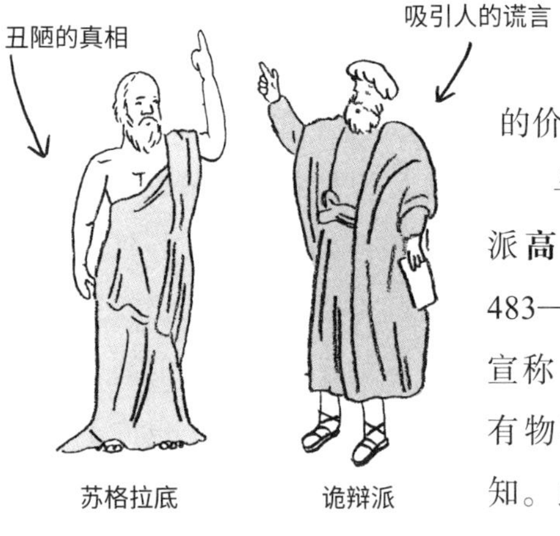

与普罗塔哥拉同时代的诡辩派**高尔吉亚**（Gorgias，公元前483—前375）也有类似言论，他宣称“无一物存在”，而且即使有物存在，我们也对其一无所知。此外，即使在极为罕见的

情况下，某物可以为我们所知，我们也无法将它传达给别人（我想这可以被称为“双保险”）。所有这些难道不是某种相对主义和虚无主义的最终结论？真理即使到你手中也转瞬即逝。所以我们可以说诡辩派是最早的“后真相者”。柏拉图正是在这样的观念环境下，将他的大部分哲学生涯用来证明真理确实存在，它可以被认识、被传播和被理解。但是，由于真理难以获得，也难以理解，所以它也就给无耻之徒留出了空间，他们总会制造令人舒坦的谎言，并利用人们怠惰、不求甚解的思考方式。

从政治宣传到假新闻

在现代，政治宣传经常与极权主义政权联系在一起，例如，纳粹德国宣传部长约瑟夫·戈培尔（1897—1945）控制下的国家媒体，其任务是传播纳粹的反犹主义并证明它的合理性；又或者是苏维埃官方报纸《真理报》。但是，政治宣传实际上可以指代任何推广政治或党派事业的信息。第二次世界大战期间，盟军也大肆地使用了政治宣传。据估计，美国空军在德国和日本的城镇投下了约60亿份小册子，主要目的包括散布虚假信息，敦促敌方投降，以及破坏敌国士气，等等。英国人甚至策划了一套虚假的《诺查丹玛斯预言》[1]，希望信奉这位法国占星师的德国高级司令部成员能够为其所动，推翻希特勒（参见埃里克·豪的《诺查丹玛

[1] 诺查丹玛斯（Nostradamus），原名米歇尔·德·诺特达姆，法国犹太预言家，精通希伯来文和希腊文，留下以四行体诗写成的预言集《百诗集》（1555年初版，原书名《诸世纪》为误译）。有研究者从这些短诗中“看到”对不少历史事件（如法国大革命、希特勒之崛起）及重要发明（如飞机、原子弹）的预言。

基本哲学问题

是否所有新闻媒体都带有某种形式的偏见？新闻和政治宣传的区别在哪里？

斯和纳粹》，1965）。甚至，我们还有过宗教的“政治宣传”，实际上，“政治宣传”最早起源于天主教，意指“传播信仰”（在拉丁语里写作“propaganda fide”）。因此，我们可以看出，宗教上的政治宣传和真正的政治宣传的核心联系在于，它们都试图借助偏见、恐惧、信念或者情感，传递回避理性甚至超越理性的信息。

在2016年，“后真相”一词进入了牛津英文词典，其定义是“后真相意指一种情景，在这样的情景中，诉诸情感和个人信仰比客观真相更能影响公众意见”——如果这都不叫政治宣传，我们又该叫它什么呢？传统的政治宣传与现代的“虚假新闻”的差异，可能源于互联网和社交媒体的兴起及其强大的影响力。显然，互联网带来了积极的影响，让人们得以获取更为广泛的信息和事实核查的资源。但是，许多政治评论员认为，在近期的美国、英国和法国大选中，泛滥成灾的含有虚假和误导性“新闻”的文章可能发挥了重要的作用。脸书、谷歌以及其他传播渠道都发誓要对

后真相（形容词）：……意指一种情景，在这样的情景中，诉诸情感和个人信仰比诉诸客观真相更能影响公众意见。

——《牛津英文词典》

抗这股潮流，但是在很大程度上，我们可以说它们自己应该为此受到指责。有多少次，当你“百度了”某项内容，径直点开了第一条链接，或者只浏览了搜索结果的第一页内容？如果搜索结果的“排序”由百度负责，那么百度就对结果的可靠性和准确性做出了判断。同样，微博首页也不仅仅集合了你关注对象发布的内容，而是已经由微博算法根据“热门”或“你喜欢的内容”进行了“编辑”。此类网络服务具有强大的力量，能够过滤和管理我们看到的信息，这对政治进程的威胁无疑是令人担忧的，而这还不仅仅是因为它很可能会被极端或者反民主的人，甚至敌对国家所利用。

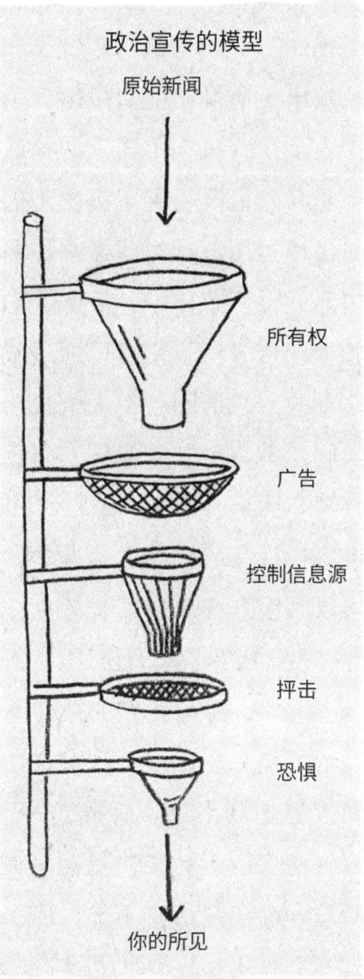

“制造同意”

但是，我还需再次强调，我们不应该被近年来的事件误导，进而认为在某种程度上，传统媒体或大众媒体就不会从事这种有意识的操纵。实际上，报纸和电视新闻通常都是带有偏见的——他们可能倾向左派或右派，带有民粹主义或精英主义的色彩。但是总体上来看，这种偏见是可以相互抵消的。尽管《华盛顿邮报》的编辑可能与《华尔街日报》的编辑有不同的看法，他们之间的差异是言论自由的不同表达形式，因此整个媒体圈就呈现出各式观点齐全的光谱，读者可以从中进行选择，决定同意哪一方的观点，又与谁保持不同意见。

然而，**诺姆·乔姆斯基**和**爱德华·S. 赫尔曼**（Edward S. Herman，1925—2017）提出了“政治宣传模型”，对这一传统领域发出了质疑。他们指出，主流媒体实际上并不是自由的，而是代表了现存机构（国家的执政阶层、军事组织、公共组织、核心企业和其他既得利益集团）的观点。所有这些现存机构都直接或间接地运用五类过滤器来控制新闻：（1）所有权：大多数新闻机构都下属于拥有特定商业利益的大公司——真相只能排在第二位；（2）广告：广告主可以通过威胁终止合作来影响新闻；（3）控制信息源：政府和各类大型机构都整合了非常多的信息，它们可以限制“不友善”的媒体，阻止它们获得信息（重要的数据，关于政策和项目的信息）；（4）抨击：各类机构可以通过反例、政治演讲、投诉、起诉等方式攻击“负面”新闻；（5）恐惧：现存机构可以利用真实或想象出来的共同敌人，借助恐惧来统一大众舆论，并将批评者斥为境外势力，由此将他们边缘化。

因此，哪怕我们的社会不存在直接的胁迫或者明确的审查制度，但是只要触及了利润这条底线，各类新闻仍然能够被高效且间接地炮制出来。而报纸一旦失去广告商，获取信息资源受限，或者遭人起诉，很快就会面临营收和利润下降的风险。如果乔姆斯基和赫尔曼所言不虚，那么他们就对政治民主提出了毁灭性的批判：媒体和政治中所谓的分歧实际上只是粉饰表面的琐屑之事：

一旦事关重要议题（商业、战争、税收），无论是什么政党或报纸，现存机构永远都站在同一阵线。

抉择时刻

新闻和政治宣传的区别并不如我们希望的那么泾渭分明。怀疑论者、诡辩派和后现代主义者都对真理的存在或价值提出了质疑，而我们即便不同意他们的观点，也可以承认所有观点都多少带有一定程度的偏见。所以我们必须掌握分析新闻报道的技巧：新闻的来源，新闻是否登载在“线下”媒体上，新闻写作是否平衡，写得好不好，等等。但是，如果所有主流媒体在某种程度上都搞政治宣传，我们又如何能通过互相比对进行核查呢？好吧，正如乔姆斯基的回答，既然新闻都是人在写，那么即使主流媒体也广泛存在政治宣传的倾向，你仍然可以在其中找到真实和相对公正的报道——你只是得睁大眼睛仔细寻找。

我十几岁的儿子说我是“法西斯”——我真的是吗?

波普尔 ‖ 柏拉图 ‖ 阿伦特 ‖ 霍布斯 ‖ 马克思 ‖ 马基雅维里 ‖ 卢梭 ‖ 拉兹

儿子想去派对玩，而你认为他应该为即将到来的考试好好学习。两人难免脾气暴躁，声音抬高。在事情失控之前，你颁布法律——“你不许出门，没得商量!”——你儿子挑衅地说出了一连串无礼的形容词，把你的当家之术说得比墨索里尼还要极端。但你是发自内心地为了他好啊！督促他、强迫他，难道不是为人父母的职责吗？即使看起来有点……好吧……极权主义?

在人类历史上的独裁者当中，以这种方式为自己证明的，你可不是第一个。奥地利哲学家**卡尔·波普尔**在批评**柏拉图**的《理想国》时指出:“我们最大的麻烦源于那些既合理又令人钦佩，但同时又十分危险的事情——比如我们试图改善同胞处境的急不可耐的心态。”令人感到讽刺的是，柏拉图对他人的真切关心使他创建起一个严苛、威权的国度，因为在柏拉图看来，太多的自由只会给予人们更多的犯错空间。但是自由的本质不就在于我们有自行犯错的空间吗？难道自由并且偶尔“犯错”不是要优于不自由但“正确”吗？而且，又有谁能定义“正确”呢?

但是，虽然后世有了波普尔的这些批评，但是柏拉图在当时所热衷的是区分合法的权威与僭主政体，在他看来权力仅由个体

哲学王的概念是证明人类多么渺小的一座纪念碑。

——卡尔·波普尔

掌握（通常是自我授予）的僭主政体是最糟糕的政府形式。权威不仅是让别人做你想做的事情的能力——你可以仅有权威却没有权力（你的儿子可以违背你的意愿，偷偷溜去派对），你也可以仅有权力却没有权威（你可以非法地将他锁在房间里）。因此，当他管你叫“法西斯”时，他到底是在暗示你的“统治”并不合法，还是带有过度的威权意味，还是有失公正？或者兼而有之？

通常而言，“法西斯”如今是一个负面词语。从历史上看，这个词可以追溯到古罗马，那个时候的“法西斯”指的是一束中间插着斧头的“束棒”，代表着地方长官的权力和权威。从象征意义上来说，它也体现了“团结就是力量”：一根木棒容易折断，一束木棒就很难折断。历史上的许多政治运动都曾自称或被他人称作“法西斯”，但是只有少数人（比如墨索里尼的法西斯党和希特勒的纳粹党）刻意地效仿了古罗马帝国的爱国主义、好战精神和专制主义。因此，现代法西斯反对自由主义和民主，提倡狂热的民族主义，主张中央集权（个人独裁或军政府）和国家经济监管，并将暴力视作合理的政治工具。

“强权即正义”

德国哲学家**汉娜·阿伦特**（Hannah Arendt，1906—1975）指出了斯大林主义和纳粹主义的共同根源，她认为这是一种新的政府形式，因为它不仅禁止批评者和政敌发声，而且要让全体大众沉默。因此在极权主义社会中，为了换取一个拥有狭隘传统和价值观念的统一社会，甚至连政权支持者也要放弃自己的政治权利和自由。这可能会给部分人（比如保守的“雅利安”德国人）带来慰藉，但其他人却要面对个性的压抑、迫害、恐怖甚至是死亡。

基本哲学问题

法西斯或极权主义者认为“强权即正义”，合法权威同它们有什么区别？

假如你能抵制住诱惑，不愿为了防止儿子偷偷溜出去，而在他窗前安装摄像头，或者拒绝密切监视和限制他的上网活动，或者不想偷看他的微信消息，那么你就可以公正地宣称你的统治并不属于极权主义。法西斯也常常与“强权即正义”的辩词联系在一起，即政府只要拥有强大的力量，就可以宣称自己拥有权威。**托马斯·霍布斯**也同样论证过无所不能的主权者的统治地位（参见上文第102—103页），甚至**卡尔·马克思**都认为，共产主义只能通过“革命恐怖”，在“旧社会的痛苦死亡和新社会的流血阵痛”中才能建立起来。当然，**尼科洛·马基雅维里**提倡的“马基雅维里主义”则论证为了维持统治，使用任何手段都是合理的（参见上文第12页）。

现实政治

现代政治在本质上具有“马基雅维里主义”的特性，国家通常都会采取一种现实政治的态度（意识形态次于实践考量），而这表明许多人仍然认为目的可以使手段合理化。如果为了确保孩子的利益，禁足和电话窃听是最好的方法，那为什么不能这么做呢？在**让-雅克·卢梭**看来，当人们因为愚蠢而未能掌握正确的事物时——卢梭把国家“公意”视为理想的智慧——权威可以介入，确保他们获得“被迫的自由”。如果儿子具有理性，他肯定会选择学习而不是参加派对，难道不是吗？只是同辈压力和年少无知的满足感使他走错了方向。那么最好由你来为他做出选择。

然而，卢梭的拥护者曾以此为理由，造成过血腥的恐怖，这也许并非巧合。正确的行动方针应当是由公开、民主的决策流程所决定，一旦我们放弃这个理念，权力的滥用将不可避免。但是，即便是民主社会也面临合法性的问题。你到底应该用什么方法让儿子明白事理？通过某种形式的社会契约吗？但是你儿子并没有签署过契约（你聪明的儿子读过休谟！），看起来他也不能选择退出，那么即便他想要离开这个如同“古拉格”的家，选择在大街上流浪，这也是不可能的。

更明事理

约瑟夫·拉兹（Joseph Raz，1939—　）提出的“正常证立理论”可能会是你想要的答案。拉兹认为权威的合法性在于，它确保被统治者遵守他们本身就已经有理由要遵守的事情。换句话说，你的儿子（大概）想要在考试中取得好成绩；你要做的就是试图

权威合法性来自哪里？这个问题影响到了所有手握权威的人，从政治领袖到父母和老师皆是如此

确保这一点。也就是说，你所谓的更明事理，在于比起儿子，你更明白为了实现他的目标所需要的条件：他认为自己可以一边参加派对一边又取得好成绩；而你知道（也许是从你自己的遗憾经历）他不能两全。这会让你成为法西斯吗？不会，一个家长主义者？也许。毕竟，你就是他的家长。

抉择时刻

家长权威就像国家权威一样，很难用理性论证合理性。有些家长不仅自认为更明事理，而且认为自己有权执行任何在他们看来合适的规则（威权主义）。但是，在可能的情况下，尝试以理性的方式说服孩子可能会更好：也就是说你的规则和权威只是为了帮助他实现他真正想要的东西。当然，如果你要这样做，你还应该接受质疑：你强加给他的东西到底是为他好，还是你自己想要？

我的新下属都怀念老领导，我该把他们全部开除吗？

柏克 ‖ 马基雅维里

你出任部门主管，这份新工作看起来是个不小的挑战。坦率地说，事情一团糟：低效、官僚主义，甚至有些腐败。老领导任职长达二十年，给部门留下了固定的做事方式。既然剩下的人大多都忠于旧方法，那么最简单的方法就是从头开始，放走所有人，让他们重新申请岗位？

无论是企业、足球俱乐部经理，甚至继父母和养父母，都面临着上述难题。当然，这也是一个常见的政治难题。老领导下台了，但是他所有同党都还稳稳地扎根在这里，如果你想要不声不响地处理掉他们，他们可能会引发骚乱或是发动叛乱；如果你任由他们留在职位上，他们可能会阻碍革

新官上任三把火。

——谚语

统治者希望
既被人民爱戴，
又被人民畏惧，但是一个人很难
兼而有之，
而令人敬畏要比被人爱戴更加安全。
MACHIAVELLI
尼科洛·马基雅维里

新，甚至挑拨离间。因此，根本性改革甚至暴力革命的拥趸会支持先破而后立：如果你不扫除腐败的旧秩序，那么正义的新秩序该如何取而代之呢？当然这种方法的问题是你把一切旧事物都全盘否定了；旧政权有价值的东西，包括它成熟的方法、机构以及公务人员日积月累的智慧也将一并消失。

循序渐进的革新

正是这种担忧使爱尔兰政治哲学家**埃德蒙·柏克**（Edmund Burke，1729—1797）确信，所有政治和社会变革都应该有序、渐进、符合宪法章程，并适当尊重已有的传统。虽然在原则上，他并不反对革命的思想（他支持美国独立），但在《法国革命论》（1790）中，他反对雅各宾派以“理性”和“进步”的名义，残酷而粗暴地推翻传统。他认为社会就像一具人体，由各个部分所组成，皆为整体而服务。而社会正像人体一样，虽然变化频繁发生，但是整体系统维持着稳定。我们不妨用现代生理学将他的类比更新一下，虽然细胞会死亡并被替换，但是身体会逐渐成长并变化，而整个人体并没有发生根本性的变化。因此，“通过在国家的管理中保留自然的方法，虽然我们时时改进，却从来不是全新的；虽然我们有所保留，却也永远不会完全落伍”。

在柏克身上，激进思想、自由主义思想和保守思想以一种迷人的方式互相结合，甚至有人声称他是无政府主义的先驱！但他的大体方针偏向保守：我们应该“保留”社会中有益的事物，同时引入令其改善自身的手段。因此，柏克从许多方面来说都是一号反启蒙运动的人物：“善好”有时似乎“并不理性”（旧时代的老板允许半小时茶歇的传统可能会浪费生产力），但是这种“偏见”

基本哲学问题
只有革命才能实现有意义的政治变革吗?

（语出柏克）可能会发挥积极作用（培养团队精神）。如果我们把他的观点运用到俄国革命中，我们可以看到，他会为保守主义观点辩护，反对俄国革命试图体现的理性进步观点，并指出革命可能会引起社会混乱、恐怖和人类悲剧。斯大林的经济政策造成了大规模的饥荒和死亡，第二次世界大战爆发后，他对警卫部队和海军将领近乎偏执的清洗严重削弱了苏联的军事能力。变革并非总是一件好事。

取其精华，去其糟粕

尼科洛·马基雅维里持有类似的立场，他认为新统治者维持"世袭"制度（人民"长期以来已经习惯于王室家族的统治"）要比建立新制度容易得多。因此，当权力易手时，新统治者"有充足的理由不要违反［旧统治者］祖先的习俗"。换言之，只要你别过分地改弦更张，一旦人们意识到一切都会像过去一样，就不会有人想要来挑战你。当然了，你还是要采取预防措施，确保"前任统治者的家族已经被消灭干净"（我们肯定不希望老领导的二把手蓄意捣乱，好抢到你的职位，不是吗？）。

但是，如果旧习俗恰恰是问题所在，那该怎么办？马基雅维里说，如果你必须做出不受欢迎的改革，那么最好快速且一劳永逸地完成，然后把责任甩给他人！你可以解雇掉老领导团队的突出代表，然后将人事变动归咎于预算削减或者高层决定。你在早期采取的此类直接行动能向他人发出信号，让他们明白你不好惹，但是只要你随后表现得理智并且尊重"老办法"里有益的安

［君主］吞并这些国家时……只需要牢记两件事情：其一是确保前任统治者的家族已经被消灭干净；其二是确保原有的法律和税收不曾更改，这样在很短的时间内，统治者就可以和被吞并的国家打成一片。

——尼科洛·马基雅维里

排（比如茶歇），那么剩下的员工最终将给予你积极的反馈。毕竟，大多数人在忙碌的一天结束后，只是想要拿到自己应得的工资，难道不是吗？

抉择时刻

无论是在政界还是商界，当你得人心的时候，改革都会容易一些。按照马基雅维里的说法，这要么意味着他们尊重你的权威，要么意味着他们相信自己在新秩序来临时能够继续受益。正如柏克指出的，任何剧变都有可能令我们失去旧秩序的精华，造成破坏和动荡。然而，一个健康的社会应当拥有一定程度的弹性，并且向改变敞开大门。

我应当为了保护几棵树而发起抗议吗?

梭罗 ‖ 甘地 ‖ 路德 · 金 ‖ 罗尔斯 ‖ 班克西 ‖ 特加拉奇

你家附近有一片小小的林地，是你小时候经常玩耍的地方。它是周围几平方英里仅有的一片绿色空间，在这个不断蔓延的钢筋混凝土森林里，它的古老树木为野生动物提供了一方难能可贵的绿洲。但是，地方政府刚刚同意将这片土地出售给房地产开发商，铲平树木以开发豪华公寓。阻止开发的所有合法手段都已经用尽。还剩下什么选择？在推土机前躺下？将自己绑在树上？

几个世纪以来，公民不服从以各种形式存在，并且被冠以各种定义，不过该词本身起源于美国超验主义哲学家**亨利 · 戴维 · 梭罗**（Henry David Thoreau，1817—1862）。美国政府对奴隶制的坚决支持以及美墨战争（1846—1848）令梭罗感到不满，他因此提倡采取积极的抵抗行动。每当政府不公正的时候，公民的首要义务不是遵从法律，而是遵从自己的良心。因此，我们有权主动收回我们对政府的同意（例如通过不交税），以此向政府施加压力，要求其更改政策。

赢得人心

公民不服从与合法抗议不同。鉴于你家附近的那块林地已经售出，你干涉它的重建可能会违反法律，而且让你面临被起诉的风险。但是，如果你准备好面对被逮捕的风险，那么躺在拖拉机前显然比举着标语眼睁睁地看着树木被砍倒更有效。印度民权运动家**莫罕达斯 · 甘地**（Mohandas Gandhi，1869—1948）通

过大规模的非暴力抗议活动向大英帝国施压，要求允许印度独立。在美国，**小马丁·路德·金**（Martin Luther King, Jr., 1929—1968）采用类似的方法，对各种形式的种族不公发起抗议。这两位信奉宗教的和平主义者都受到梭罗的影响，而他们的行为都强调了非暴力行为的重要性。正如甘地所言："通过暴力取得的胜利无异于失败，因为它只赢得一时。"在向战争、压迫和不公正发起抗议时，目的和手段必须互相辉映：目的是为了赢得人心。

> 我应该承担的唯一义务，是随时做我认为正确的事情。
>
> ——亨利·戴维·梭罗

但是，你并不是在寻求世界和平，而只是为了拯救当地的林地。在19世纪，勒德分子通过毁坏机器，抗议工业化对技术行业和工人收入的影响。你能够据此干扰拖拉机，或者破坏电锯吗？但是，拖拉机和电锯取之不尽，而且破坏财物可能会损害你的事业，使你失去人们的同情。因此，如果你可以在理性和讲原则的前提下，带来最大程度的宣传和曝光，那么开发商将会感受到更多的公众压力——没有哪个公司希望被负面报道缠身。

因此，你已经做出决定，你的抗议应该采取非暴力的形式，但要为了取得最佳的效果，有时候还是需要采取违法的干扰活动（静坐抗议以及其他形式的“消极抵抗”）。接下来会发生什么？好吧，开发商会报警，警察会将你逮捕并强行将你拖走。一切就为了几棵树？这值得吗？**约翰·罗尔斯**在《正义论》（1971）中指出，直面非法抗议所带来的后果，是公民不服从的基本要求——否则，它与违法犯罪又有何不同？接受警察的逮捕不仅表明你的行为是有原则的，而且还在其他所有方面表明你尊重法治。你不是一个无法无天的无政府主义者（一般意义上），而是一个通过有理性（虽然是非法的）且有原则的手段寻求政治变革的公民。

重写规则

尽管你坚守原则，但是你的诉求可能还是收不到效果：林地仍然可能被夷为平地。此外，罗尔斯的论调可能会阻碍行动主义：毕竟很少有人甘冒入狱的风险，而且要让个体对抗手握大量资源的公司和政府（它们可以操控媒体，雇用高超的律师，甚至——取决于他们多肆无忌惮——对抗议活动的领头人进行报复），对于个体的要求也非常高。即便吹哨人出于公共利益的角度泄露信息，

> **基本哲学问题**
> 什么时候违反法律是合理的？

这些手握权力的机构也可能试图让吹哨人沉默。如果你用违法手段拿到了开发商贿赂当局的信息，你是否会冒险将它公之于众，即便这样也暴露了你自己的违法行为？

这种权力上的不对等解释了为什么会有占领华尔街运动、维基泄密和黑客组织。他们的行动表明，最明智的抗争策略不是通过身份明确的个体，发起公开、有原则的公民不服从行动，而是那些能够保护成员匿名性的策略；抗议者需要隐藏身份的面具，来保护自己免受报复；黑客需要以匿名的方式传播非法获得的敏感信息，或者对公司网站发起攻击；甚至连涂鸦艺术家也需要在夜色的掩护下，污损或篡改公司的广告牌，来嘲讽它们的言行。正如英国街头艺术家**班克西**（Banksy，身份不明）所主张的那样——借鉴自平面设计师**肖恩·特加拉奇**

抗议的类型

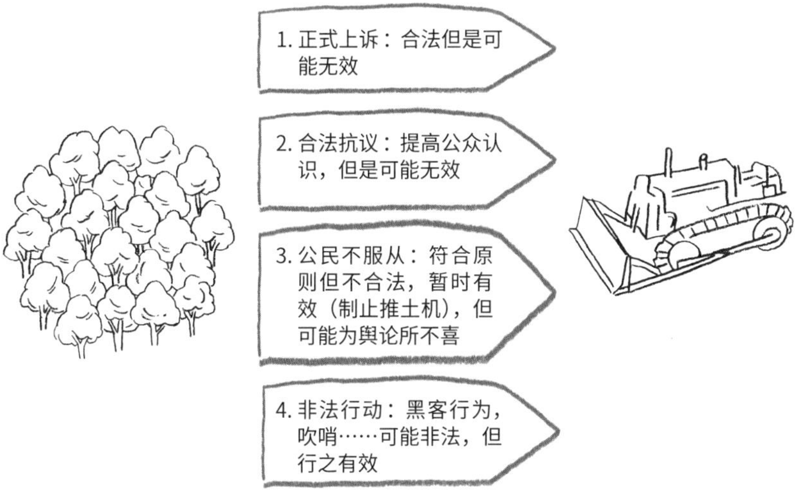

公共空间中任何你无法避开的媒介都是你可以取用、重新安排和重新使用的素材。

——肖恩·特加拉奇

（Sean Tejaratchi，1970— ）——由于公司和政府的权力不断侵扰个人生活，这也就让抗议者的手段变得合理。对于班克西来说，“公共空间中任何你无法避开的媒介都是你可以取用、重新安排和重新使用的素材。你可以随心所欲地处理它们。向公司或当局寻求这些媒介的使用许可，就好像有人朝你丢了块石头，你还要询问对方的许可才能用这块石块一样”（《给我闭嘴》，2004）。当权力和金钱在重写规则时，你凭什么还要继续遵守规则呢？

抉择时刻

无论你选择哪种抗议方法，历史悠久的公民不服从传统都可以为你的行为找出合理的理由——虽然它们不能帮你免于被起诉，却能够让你的立场符合原则并受到人们的尊敬（至于是否有效则是另外一个问题）。现代哲学向我们揭示了相对无力的个体为何感到挫败，但是这是否能让你的违法行为合理化呢？无论你做出怎样的选择，你都应该做好准备，接受选择的后果。

我应该结婚吗？

亚里士多德 ‖ 柏拉图 ‖ 阿奎那 ‖ 卢梭 ‖ 康德 ‖ 马克思 ‖ 弗洛伊德

受够了政府的腐败、丑闻和无能，你决定投身政治——毕竟，你总不可能做得比他们还糟吧？但是，当你同朋友和顾问讨论此事时，有些人指出，先结婚对你比较有利。为了从政我还要先结婚?！但是婚礼上庄重的誓言并没有让这片土地上的位高权重者避免不忠！你已经和伴侣一起生活了好多年；你们很幸福，从来都不认为需要那一纸证书，为什么偏偏现在反而要结婚呢？只是为了向选民证明你是个“体面人”？

尽管你可能认为，结婚与否完全是私人事务，但是为数众多的哲学家都强调过“核心家庭”在稳固社会秩序上起到的基础性作用。实际上，对**亚里士多德**而言，家庭是“为了满足人们的日常需要而天然形成的结合”，其中男人负责指挥而女人负责服从。早期社会都是这一观念的延伸（这并不是说国家的组织体现了家庭的特征，因为男性可能会在自己家里“称王”，但国家不一定采取君主制）。尽管如此，家庭确实为社会提供了基石，促进了男女之间自然的互相吸引，为生育和抚养孩子提供了有利条件。

完美的婚姻

柏拉图在《理想国》中将家庭视为对正义的阻碍，会导致私人利益凌驾于公共利益之上，亚里士多德并不认同导师柏拉图这样的激进观点。柏拉图试图让婚姻成为一种短暂的联盟，由国家安排的婚姻仅仅是为了生育后代的目的，而整个社区都将担任监护人，负责抚养众人共同的后代，柏拉图希望用性吸引力来凝聚

> 每个人生来都拥有爱；它将我们与生俱来的另一半召来；它试图将人合二为一，愈合人性的伤口。
>
> ——柏拉图

整个社会。但是在后期的《法律篇》中，他笔下的婚姻开始呈现出更为传统的形象，而在《会饮篇》中，他甚至给我们提供了“灵魂伴侣”的观点（借剧作家阿里斯脱芬之口）。所以，柏拉图对于婚姻的总体观点是含混、复杂的。

天主教会利用亚里士多德的观点，推行教会的一夫一妻制理念，意大利神父、思想家**托马斯·阿奎那**（Thomas Aquinas，1225—1274）甚至认为婚姻是“自然法则”的一种表达形式，在其中女性（尽管在亚里士多德看来是“可鄙且有缺陷的”）拥有的理想能力可以“在生产工作中成为助手”，而男人更高一层，“能够从事一项更加崇高的重要行动，那就是智力活动”。换句话说，婚姻有助于抚育后代，而一夫一妻制为非理性的性冲动提供了合理的出路，可以使男人解脱，自由地发展更高尚的自我。

同样，在**让-雅克·卢梭**对婚姻的定义中，女性的主要作用是为丈夫服务，生育并抚养子女。卢梭在教育儿子一事上有着非常多的论述，但是他认为女儿的教育在于让她有自知之明；她应当相信别人告诉她的话。比如在宗教事务上，“[女性]不能自行评判，应该像接受教会的教导一样，接受父亲和丈夫的判断”。（《爱弥儿》，1762）

伊曼纽尔·康德将婚姻视为一种契约，其中包括“两个不同性别的人的联合，他们认同在彼此的生命中互相拥有彼此的性属性”（《道德形而上学原理》，1797），这种措辞自然无法让人们心头一热，

奔向教堂或者婚姻登记处。康德和基督教神学家一样，似乎全心全意地想把生殖作为性的唯一目的，而使性得到人们的尊重。除此之外，他还观察到，双方仿佛会在婚姻中把对方当作自己的物质财产——当作物体，或者当作实现目标的手段。按照康德的哲学，这通常会成为一个问题：将他人视为实现我们自己目标的手段，而不是把他们视为他们的目标本身，这会导致不道德。但是，因为这种“占有”是相互的，所以在这种情况下，这种“物化”就是合理的；你得到了我，而我也得到了你——只要我们俩都没有违反合同就没问题！

马克思论婚姻

我已经在上文讨论过女性主义对父权制社会的批评（参见上文第78页），但是从现代角度来看，我们仍然会吃惊地发现，有那么多伟大的（男性）哲学家都对婚姻和家庭持同样保守的、以丈夫为中心的观点。然而，婚姻和家庭也并未逃脱**卡尔·马克思**的经济分析，他对婚姻和家庭的态度和他对资本的态度是一以贯之的：男性控制、拥有和剥削妇女和生育，与资本家对待工人和生产资料的方式如出一辙，而且婚姻积累财富并传给男性后代（这里很容易看出，马克思的观点是怎样影响了女性主义）——那么

基本哲学问题

婚姻和家庭是社会的基本组成要素吗?

马克思提议用什么取而代之呢?

马克思认为，就像财产应该被“解放出来”并由公众共享，家庭也应该被“废除”，人们可以自由地互相结合。换句话说，家庭是一种压迫形式，是一种控制者与被控制者的关系。一旦取消了与婚姻和家庭有关的限制，人们便可以自由发展自己想要的关系形式，无论是一夫一妻制或其他形式都可以。如果详细讨论马克思式“自由恋爱”的利弊以及可行性（很多人讨论过），那将花去我们很多时间，但是马克思的主要目的是揭露谎言，即任何背离核心家庭规范的婚姻形式在某种程度上都是“不道德的”，而他认为，其中利害关系主要不是“道德”，而在于经济——所有权和控制权。

奥地利心理学家**西格蒙德·弗洛伊德**（Sigmund Freud，1856—1939）同意这种观点，他还质疑终身的一夫一妻制在生物学和心理上是否真的适合人类。他认为，一夫一妻制常常会导致痛苦，导致不忠和虚伪，以及神经官能症。

资本主义等级制度

核心家庭

正在衰落的制度？

在过去五十年左右的时间里，许多自由民主国家的结婚率都在逐步下降，与宗教信仰的衰落（取决于教派）和离婚法的放松相同步。但是最近，同性婚姻的法律和舆论态度发生了变化，许多同性恋伴侣开始拥抱婚姻，实现了长期以来遭到异性恋压制的同等待遇。除了婚姻体现了个人承诺以外，对于同性婚姻的追求还牵涉早期女性主义者努力争取的权利：包括财产、收入以及作为父母的权利等。我们也许不能急于将婚姻和家庭视为已经过时的社会和政治控制形式，即便是在世俗社会中，婚姻和家庭的结构也将长久存续下来（尽管采取一种更加自由的改良形式），它既是一种对伴侣和孩子履行个人义务的手段，也是确保法律责任和权利的手段。至少在以下方面，也许亚里士多德及其追随者都言之有理，而马克思则太过于理想主义：为了使整个社会运转起来，个体之间必须建立起情感的纽带（无论这种纽带采取何种形式），承担对于彼此的道德和法律义务。

抉择时刻

尽管婚姻和家庭可能永远不会完全过时，但似乎婚姻和家庭的性质都在发生变化，至少在某些社会中，人们越来越能接受不同的生活方式和性取向。无论你身在何处，比起你的父辈和祖辈，你所承受的结婚压力都要小得多。现在，很多国家会像保护婚姻双方那样，保护同居男女的权利（婚姻的定义在逐步扩大）。假设你认同这些变化，而且在你生活的地方，你的身份和权利都得到了充分的保护，那么无论你是否是公众视野中的政治人物，你都不必屈服于"传统"的压力，决定你是否结婚的主要理由都应该是私人的因素。

第四章：权利

飞机迫降荒岛，获救前，我和其他幸存者该如何共处？

洛克 ‖ 边沁 ‖ 柏拉图 ‖ 哈特

这是最可怕的梦魇。在前往夏威夷度假的途中，飞机发动机发生了灾难性事故，坠毁在太平洋上。幸运的是，你和家人以及其他许多乘客得以幸存，并且被海水冲到附近的陆地上，那是一座无人居住的孤岛。你们等待救援，但是随着时间的流逝，你们意识到可能要在这里一同生活一段时间。你们拥有一些补给品（飞机坠毁后从海上漂来的货物）和一些自然资源（淡水、遮风挡雨之所，以及一些虽然样貌古怪但大概可以食用的动物）。因此，只要你们组织起来，在一些基本规则上达成共识，你们就有很大的存活概率。

但是问题已经开始出现了。一名素食乘客认为，飞机上遗留下来的即食食品（主要是素食食品）应该是他的，因为他不能吃野猪或鱼类，而且岛上似乎也没有可食用的水果。此外，他也不会参与狩猎。有人坚持认为，岛上应该要有礼拜场所，而所有乘客都应该出力，但这不仅耗时耗力，而且会消耗岛上有限的自然资源，难道遮风挡雨的房子不应该更优先吗？你表达了自己的担忧，但另一位律师乘客指出，你们虽然是空难漂流者，但不是未开化的野兽；你们都天然地拥有基本人权，遵守这些基本人权与荒岛求生同样重要。你觉得这位律师有点小题大做，但她言之有理吗？我的意思是，荒岛上没有任何公共机构来确保这些权利，你这位夸夸其谈的朋友也得不到法院的支援，来强制执行这些权利（至少现在还没有……）。难道大家不应该首先去做最关乎求生的要紧事吗，即使这些事情需要我们在社会规范和文化习俗上做出一些妥协？

洛克 vs. 边沁

我们已经在上文中探讨过，**约翰·洛克**认为，人的权利对于理性来说是“不言而喻”的，而**杰里米·边沁**则认为这些权利是“无稽之谈”（参见上文第71页）——但权利到底是什么？比方说，你认为自己享有言论自由权、财产权、不吃猪肉的权利以及宗教信仰自由的权利，但是，是什么赋予了你这些权利呢？这些权利是“不可剥夺”的（即使在荒岛上，你也拥有这些权利）吗？它们是你与生俱来的吗？还是说它们需要政府和社会的授予和保障？

边沁之所以抨击“自然权利”的思想，并不是因为他认为公民不应该拥有任何权利，而是因为在他看来，只有法律才能提供这些权利。他认为，如果我们将权利视作“自然的”，如果我们之所以拥有言论自由的权利，仅仅是因为我们天生具有思考和交流能力，那么这种能力也会顺理成章地赋予我们说任何话的“权利”。但可以肯定的是，这项权利的范围太广了：如果直抒胸臆可能使我们陷入麻烦或对他人造成“伤害”，那该怎么办？但如果这些权利是固有的，那么任何限制性立法似乎都构成了压迫。因此，自然权利的概念是没有意义的，因为权利只能存在于法律框架内，由社会授予和保障（该观点被称为法律实证主义）。至于你的荒岛困境，边沁不仅会认为你所生活的社会与荒岛无关，因此你将不受其法律束缚，而且他还认为人被授予的任何权利都是相对的——也就是说，这些权利需要与群体生存的关切相平衡。

尽管边沁的观点言之有理，但是反面观点同样引人担忧。洛克之所以将某些权利认定是“自然权利”，他的目的在于避免出现权利被压制的情况。因此，洛克为法国大革命的重要文件《人权和公民权宣言》(1789)提供了灵感，这份文件认为“自由、财产、安全和反抗压迫”是普世权利，因为它们适用于任何时代、任何地域和任何人。如果这些权利仅仅是由国家授予的法定权利，那么在某个时间、地点或特定情况下，国家会撤销这些权利或认为这些权利不再适用于社会。在当今国际社会，国际特赦组织等人权组织的工作依赖于联合国在1948年通过的《世界人权宣言》

自由、财产、安全和反抗压迫是普世权利。

——《人权和公民权宣言》

的基本假定，因为人类的基本权利只有在“不可剥夺”的情况下才能受到保护，才能不受制于公司的贪婪或者独裁者的异想天开，才不会遭到篡改。依据这种观点，荒岛上的素食生活方式和信仰自由才能作为基本人权而得到保护。

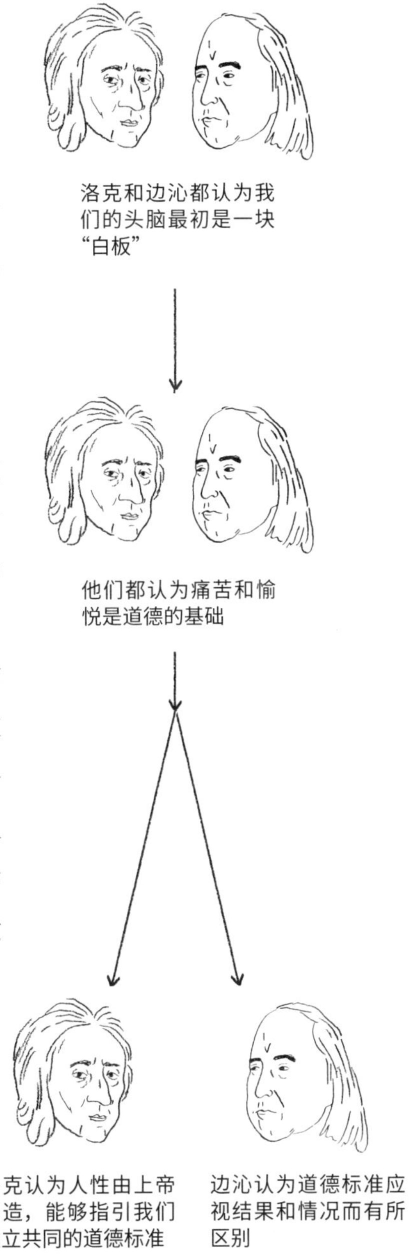

道德的本质

在这两种冲突的背后，是关于道德本质的两种略有不同的观点。首先，洛克和边沁都同意经验是知识的基础——他们都是经验主义者。因此，道德知识的基础是经验：我们根据愉悦/痛苦的体验来发展善恶的概念（这种理论称为**哲学享乐主义**）。但是，洛克与边沁不同的地方在于，他认为人类可以通过理性推理，最终走向一种“更高”或“真正”的善好。从这个意义上讲，洛克认为道德哲学类似于几何学或其他演绎科学。他认为，尽管我们的感官起着关键的作用，但是我们通过运用理性处理经验，发展出关于对错的概念。我可能会从偷窃中获得愉

> 我毫不怀疑我们可以像数学一样，通过不言自明的命题，从必要的结果当中得出关于对错的无可争辩的衡量标准。
>
> ——约翰·洛克

悦，但是考虑到我将接受的惩罚之苦，以及我也可能遭到他人偷窃，我终将意识到，尊重彼此的财产权才是更佳的策略。对于洛克来说，只有一种方法会奏效：每个理性的人最终都通过对经验的理性推导，得出同一组“自然权利”。

但这真的可能吗？**柏拉图**认为我们的善恶观念与经验是分开存在的，善的观念在我们出生前就已经被植入了我们的头脑中（他称这些善的理念为形式），而洛克与柏拉图不同，他认为我们的头脑最初是一块“白板”，等待着经验的书写。但是，经验难道不会在不同人的头脑中“写上”不同的内容吗？就像我喜欢奶酪的重口味而你不喜欢，或者你喜欢登山，但登高让我头晕目眩一样。那么我们对盗窃、酷刑或言论自由的看法是否也会有所不同？洛克虽然对此没有讲得很清晰，但他似乎想说，痛苦和快乐是上帝赋予我们的，指引我们去获取道德知识。但是，即使这是真的，人们与痛苦和愉悦的不同联系难道不会导致我们发展出不同的道德观念吗？这将导致道德相对主义，即认为没有单一的真理标准来对人们的道德权利做出

基本哲学问题

人权是“自然”给予我们的资格，还是法律授予我们的资格？

判断。当真如此，那么我们就不复拥有自然权利，因为在自然条件下，我们会经历不同的发展——而这当然就促使边沁提出了自己版本的功利主义原则：我们无法通过某种绝对的标准，而只能根据其结果来判断道德，也就是说它是否会给大多数人带来更多的愉悦（或更少的痛苦）。

另一种视角

我们在上文中已经探讨过，对功利主义的一种批评意见认为，在某些情况下，功利主义会让某些传统上的不道德行为合理化。根据边沁的功利主义，如果有选择性的盗窃和谋杀帮助人民在总体上更加“幸福”，那么这就是我们应当做的“正确”之事。如果荒岛生活在功利主义的基础上运行，那么我们可能会发现多数统治将导致多数对某些权利进行压迫。那么，这是否意味着“普世”和“不可剥夺”的权利并不存在？并不一定。

洛克对自然权利的论证似乎有些令人困惑——这也许就是他并不以道德哲学理论而出名的原因——但是，洛克的论证方法只是其中一种可能性，还存在着其他的论证方法。英国法哲学家**H. L. 哈特**（H. L. Hart，1907—1992）就提出了另一种将权利视为（虽然是部分的）“自然赋予”的论证方法。所有道德权利都以某种方式限制了自由：拥有财产权意味着其他人无法拥有你的财产。到底是什么原因使得我们可以合理地限制彼此的自由呢？只有当我们假设，在达成任何共识或确立法律之前，人们已经平等地拥有自由的一般自然权利，这个问题才会有意义。换句话说，当我们试图限制一个人自由，并为其寻找依据时，它就意味着他/她已经拥有自由的自然权利。否则，我们为什么要寻求这样的依据呢？但是，哈特的论点仍然只能证明，我们享有自由的一般自然权利；可即便我们拥有它，我们仍然需要法律来确保我们的其他权利。

抉择时刻

正如本节所述，我们有多种理由可以论证某些人权具有普世性和不可剥夺性。但是，如果荒岛的宪法以此为基础，规定所有人都拥有某些“自然权利”，那么它势必将充满争议，因为许多其他权利将陷入模糊的境地，我们并不清楚素食生活方式或信仰自由是否也可以通过诉诸人类拥有的普世权利而得到直接的论证，毕竟在这方面，不同人的看法有着相当大的分歧。

政府为什么对我们说谎？

康德‖柏拉图‖边沁‖德沃金‖纳格尔

那是一个澄澈的夜晚，你正从当地酒吧步行回家。你抬起头，突然发现一道奇怪的光。它突然晃动，掉转方向，然后飞速垂直射向夜空。那到底是什么？你向当地报社提供了线索，但他们礼貌地询问你那天有没有喝高了。你并没有因此退缩，而是转向当地政府官员，结果他告诉你：如果存在不明飞行物，那么政府会告诉我们；但是政府并没有这么做，所以它们并不存在。政府在撒谎！你能做什么？

各国政府通常以国家安全或公共利益为理由，对各类事项进行保密。如果真的存在外星人，那势必将引起全国性的恐慌。更为稳妥的策略是让公众逐步适应外星人存在的事实——比如通过好莱坞大片、科幻小说以及大众文化中半开玩笑的暗示（至少，如果我是政府，我会这么做……）。当然了，如果你不相信外星人存在，我们也可以把这个问题换成更加接地气的实例——政府在黑市向境外销售武器，对公众无孔不入的电子监控，或者是安排在敌国的秘密行动。这些瞒着我们的家伙都是谁？作为公民，我们不应该有权利知道真相吗？

绝对律令

伊曼纽尔·康德的道德哲学为人权理论提供了一个通用的基础，而在这一基础上，诚实起到了核心的作用。康德认为，因为人类具有理性，所以人类既拥有权利又须遵守义务。因为人类也许是唯一可以选择理性目标的生物，所以一个人的行为如果妨碍另一个人实现他自己的目标（假定它们是合法的），那么这个人的行为就是不道德的。在康德的眼中，骗子的不合法行为影响了你想要了解真相的合法愿望。

但是，令行为“合法”或“不合法”的先决条件是什么呢？康德认为并不是欺骗违反了我们不被欺骗的“自然权利”，而是欺骗行为本身就包含了某种理性的矛盾。如果每个人都撒谎，那么人与人的交易、承诺或合同将不复存在——社会中的道德或法律义务将灰飞烟灭，整个社会将分崩离析。但是，康德在这里并不诉诸行为的后果（正如功利主义者会做的那样），而是试图证明不道德的行为本身是不自洽的。你无法论证偷窃、撒谎或其他不道德行为的合理性，正如你无法论证圆形的正方形或有直角的曲线的合理性一样。在一个世界里，如果承诺可以被合理地打破，那么在这个世界里承诺将不复存在。

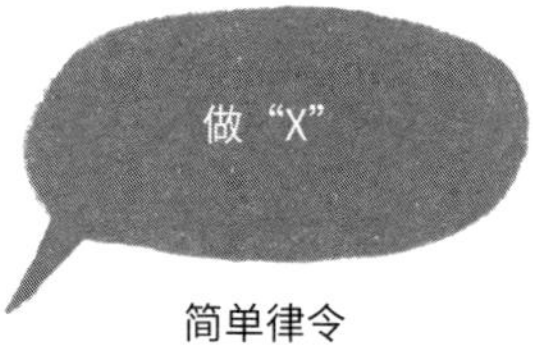

简单律令

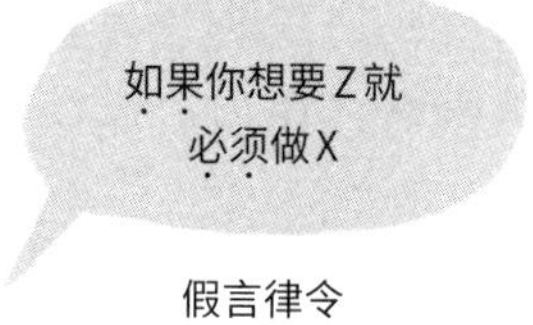

假言律令

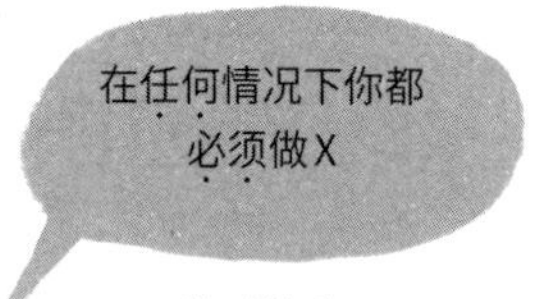

绝对律令

康德认为，道德法则必然是可以普遍适用的：“虽然我对世界事务的进程缺乏经验，也无法为世界上发生的所有变化做好准备，但是我只问自己：‘即便如此，你还愿意你的准则成为一项普世法则吗？’”这样的普世法则被称为绝对律令。律令指要求做某件事的命令（“把不明飞行物的情报都告诉我”）；假言律令指如果你想实现某项目标，那么你就必须遵循的命令（“如果你希望我给你投票，你就得告诉我有关不明飞你的行为应当只遵从那些你同时希望它们应当成为普世法的准则。

——伊曼纽尔·康德

行物的真相”)；而绝对律令是在任何情况下，你都必须遵从的命令(“你必须告诉我有关不明飞行物的真相”)。所以，遵守道德就要遵守适用于所有情况下的道德律令。政府应该告诉我们真相，不是因为真话会以某种方式使政府受益或达到特定的目标，而是因为这是正确的事情。因此，即使是为了我们自己的善好，说谎也总是错误的，因为无论是对说谎者而言，还是对受骗者来说，它都会损害我们作为人类的尊严，并损害我们实现理性目标的能力。

高尚的谎言（一）

然而，从现实政治的角度来看，康德的观点似乎具有灾难性的后果。在许多情况下，政府都有隐瞒事实真相的合理理由——例如，为了击败犯罪组织或破坏恐怖分子的阴谋而隐瞒事实。康德也许会说，这不需要撒谎——政府可以表态说“对此我无法发表评论”——然而在许多情况下，这等同于默认确有此事。“总统先生，政府是否拥有不明飞行物存在的证据?”“很抱歉，我既无法确认，也无法否认。”(然后，记者显然会争先恐后地报道这条新闻。)因此，采取某种不那么严格的理论是可以站得住脚的。

我们在上文已经讨论过，**柏拉图**认为，为了促进城邦共同的

基本哲学问题

政府总是有义务将真相告诉公民吗?

善好，“高尚的谎言”是具有合理性的（因为人们天生具有不同的能力，我们必须据此构造我们的社会，参见上文第25页）。但是，在其他大多数情况下，柏拉图也会同意康德的看法：我们不应该根据行动的后果来判断其正确性。当然，功利主义恰恰相反，遵循**杰里米·边沁**传统的人可能会诉诸“保护平民（或类似的东西）的需要”来捍卫政府撒谎的行为。但是功利主义的辩词也许无法涵盖所有程度的谎言。

在《认真对待权利》(1977）中，**罗纳德·德沃金**考虑了我们该如何将功利主义与对基本人权的关注协调起来。德沃金用扑克牌的比喻指出，在某些处境中，当功利主义的关切（比如公共福利、共同善好）与某些人权相冲突时，那么“这些人权就是大王”。因此，无论（比如说）迫害某些少数群体会产生怎样有益的结果，每个人都平等享有的不受迫害的权利应该高于任何有益

结果。当然了，我们还剩下一个有待解决的问题：不被欺骗的权利是否是一项基本人权？也许（继续援引德沃金的比喻）不被欺骗的权利是一项相对“较小”的权利，它就像扑克牌里的J，在某些情况下会被重要性相当于Q的功利主义考量所击败。因此，某些权利是否只能被视为“值得欲求”而非必不可少？按照这种思路，只要不存在其他相对根本的公共关切（例如公共安全），政府就应该说实话。但是这种区分会不会伤害“基本权利”的概念？谁来决定权利的排名，又该如何决定？

高尚的谎言（二）

当我们在下文涉及酷刑的议题时，我们会再度回顾这些问题，但是从上述讨论中，我们可以清楚地看到，政府常常会被讲真话的简单直接的关切以及其他同样重要的关切所拉扯，需要做出权衡。美国哲学家**托马斯·纳格尔**（Thomas Nagel，1937—　）认为，政府面临的两难困境可能会为极端的措施或行为提供理由，而这些行为如果由你或者我来实施的话，将会显得很不道德，甚至“无情”。因此，也许不仅政府有资格说谎，而且为了保护公众利益，它有可能采取更极端的做法。所有这些似乎都为政府的任

适用于公共行为的非人性特性通常会允许公共方采取个体不宜采用的行为，而且有时它会容许公共方采取冷酷无情的行为。

——托马斯·纳格尔

何行为提供了辩护——比方说掩盖“外星人”的真相，谁知道政府打算做到什么地步？也许你还是少知道一点为好。

抉择时刻

我们的政府必须遵守规则，使得政府能够向选民负责。但是如果一个政府有理由说谎，那它不也有理由做其他不道德的事情吗？这里存在着一种冲突：政府的存在按理来说是为了保护你的权利，但是在政府保护你的权利时，它也可能会侵犯你的权利！尽管你可能很想了解有关不明飞行物（或者其他任何事情）的真相，但是你可能不得不承认，即使它们真实存在，政府也不会把真相告诉你。

要是有机会的话，我能殖民火星吗？

霍布斯 ‖ 洛克 ‖ 马克思 ‖ 诺齐克 ‖ 米尔斯

地球村变得越来越拥挤。也许有一天，你会看到一则应征广告，召集自愿移民火星的人，提供路费、大片土地以及高薪又安全的工作。火星殖民地如今已经建成，而它急需你这样的技术人员。你最后下定决心："为什么不呢？"在经历一段无梦的超长睡眠后，你到达了火星。

火星比你预想的更绿意盎然，你的新牧场看起来也很美丽。但是一切都只是表面。地球上的人们并不知道，人类殖民者可能并不是这颗红色星球上唯一的居民。据说有神秘的游牧生物在火星的废弃之地游荡，而流言在不断地蔓延。这意味着什么？你会有危险吗？你的土地还属于你吗？

财产权

这是一个富有争议的问题。对于像**托马斯·霍布斯**和**约翰·洛克**等理论家来说，财产权是签订社会契约的主要动机。然而，这两位思想家对于财产权的含义有着不同的理解。霍布斯认为，在自然状态下，"我的财产"和"你的财产"之间没有明确的界限，财产权仅仅意味着每个人可以得到并持有的东西。因此，他认为财产权不是一项固有的权利，只有在主权者（它也能轻易地将其夺走）的保护下，财产权才能成立。相比之下，洛克认为，尽管国家应当保护财产权，但无论主权者有怎样的考量，它都无权以不公正的形式取消公民的财产权。

当下的人权立法程序总体上赞同洛克的观点。《世界人权宣言》（1948）不仅指出“人人有权拥有财产”，而且进一步规定“任何人都不得被任意剥夺”财产。当然，大多数国家都允许出于公共利益的目的（可能是修建水库）而强制购买私人土地（提供适当赔偿）。但是，在大多数情况下，政府尊重财产权这一基本人权。

但是，财产权适用于火星土著人吗？既然他们是这片土地最早的居民，难道土地不是属于他们的吗？可是，霍布斯和洛克实际上都可能会站在殖民者一边。而你可能会意识到殖民火星的情景和欧洲殖民美洲以及其他地方有着明显的相似之处。霍布斯认为，美洲原住民“根本就没有政府，到了今天还以野蛮的方式生活着”。因此，霍布斯可能也会认为土著火星人生活在没有法律的状态下，因此，除非他们以某种方式加入我们的社区，否则他们将不具有财产权。你也同样可以用洛克的方式论证，因为火星人是游牧民族，从来没有在火星的荒漠上种出过庄稼，也不曾建造任何永久性的建筑，那么火星就是一片无主之地（terra nullius），

> 人人有权拥有财产。
>
> ——《世界人权宣言》

约翰·洛克

基本哲学问题

财产权是否存在？它存在的依据是什么？

因此人们都可以公平地竞争这些土地。对于洛克来说，土地通过“身体的劳动和双手的作业”才能成为一个人的财产［《政府论（下篇）》，1689］。因此，只要在火星土地上种几根胡萝卜，这片地就都属于你了——而火星人则因为追求游牧的生活方式，无法对土地宣称所有权。

土地分配

但是，这两方的说辞似乎都有些不公平，你不这么觉得吗？土著火星人可能确实是游牧民族，但将他们视作祖国的非法入侵者岂不是很荒谬吗？他们可能没有地球人的“公民政府”，但这难道就意味着他们既没有文明也没有法律吗？历史上的欧洲殖民大国就是以“无主之地”的原则为他们的侵略和土地掠夺行为辩护。非洲、美洲和澳洲的土著即便不是游牧民族，也被认为不够文明，因此只能被殖民者征服（也许，这还是为了土著的“最大利益”）。

但是，你可不是一个恶棍式的殖民者，不是吗？如果你想获得居留火星的资格，你希望用合情合理的方法获得这一资格。因此，你和其他同样心怀公正的殖民者开始与火星土著进行谈判，请求他们许可你们留下来。火星土著实际上爱好和平且容易相处，在进一步学习彼此的语言和文化后，你们开始讨论基本规则，以决定双方的基本权利。但是，你们很快遇到了一个问题。当你主张土地应该平均分配的时候，另外一些具有自由主义倾向的殖民者认为，如果确保每个人都分到同样面积的耕地，将会阻碍刚刚起步的火星经济。他们认为虽然可能一开始每个人的财产是平等的，但是有些人会很自然地想要出售自己的部分土地（有些土地可能比其他地区更肥沃），而自然也会有些人想要购买这些土地。

但是，如果你限制土地销售，这难道不会对个人自由造成束缚吗？而且，这么做不相当于走向某种形式的国家控制吗（某种形式的共产主义，或至少是某种形式的威权主义）？但是如果你完全放任土地开发，那么你就会播下不平等的种子，使人群分为穷人和富人、有产者和无产者。你会渐渐地意识到，尽管你已经离开了地球，你却将地球上的政治困境都带到了火星！

诺齐克与资格理论

我们知道卡尔·马克思在面对这种情况的时候会做些什么，他会废除所有私有财产，但是为火星殖民提供资金的自由市场资本家恐怕不会站在他这一边。那么为了建立某种公平的秩序，你还有什么其他方法可用吗？

你也许对国家干预的形式顾虑重重，自由主义者哲学家**罗伯特·诺齐克**也是如此。他指出，即使在财富和财产不完全平等的地方，我们仍然可以建立一个人们有资格拥有其财产的社会。他的资格理

诺齐克论证所有权的资格理论

1. 获取原则

人只能拥有某些类型的财产，而这些财产应根据公正的原则获取。

2. 交易原则

财产的购买、交换或给予应当正当。

3. 纠正原则

如果财产的获取和交易有不正当的情况，受害者应获得赔偿。

论认为，只要遵守特定规则，人们可以在拥有的财产数量上互有差异，也可以自由地买卖财产。诺齐克以历史的视角对财产进行了审视：（a）如果财产是正当获取的；（b）如果财产的交易是正当的（并且是可交易的）；以及（c）如果存在违反（a）或（b）的行为，则采取过适当的纠正措施；满足以上三点，则所有权具有合理性。这似乎是公平的（虽然并不符合平等主义），因为它似乎排除了你试图防范的不公平的土地掠夺。虽然它意味着有些人可以从投机中获得更多利润，好吧，这只是生意！

现在，让我们看看你的火星牧场，按照诺齐克的标准，你有资格拥有你的火星牧场吗？这里的问题在于，诺齐克的理论忽略了土著人民面临的“无主之地问题”，或者说更确切地说，当我们试图应用他的资格理论时，它假定的“自然状态”需要为各方提供平等的基础状况。但是事实并非如此，因为我们可以说火星人已经“占有”了他们的土地——或者至少说他们比你更有资格拥有这片土地。但是，尽管诺齐克呼吁我们最终得出一个“更加公平”的差异结果，但是这一缺陷不局限于他的理论，**罗尔斯**的正义理论也是如此（参见上文第58页）。事实上，他们双方预设的起点都是一样的：一群假定的人因为签订社会契约而享有财产权。但是，就火星人的问题而言，任何此类契约似乎都在掩盖一个令人尴尬的问题：他们怎么就从自己祖国的居民变成了只拥有有限财产权利的公民？他们为什么要与他人共享这片土地呢？他们不是最先居住在这里的吗？他们为什么要接受洛克、诺齐克或罗尔斯试图强加给他们的自由民主理念呢？正如牙买加哲学家**查尔斯·W. 米尔斯**（Charles W. Mills，1951—　）指出的那样，诺齐克和罗尔斯并非故意拒绝回答这个问题，他们实则根本无法解决这个问题："事实上，罗尔斯和诺齐克预设了无主之地的存在，并且忽视了殖民对于土著人民的种族灭绝和财产掠夺。"

抉择时刻

无论你给出怎样的理由，无论你最终确定如何分配财产才算"公平"，你定居火星的行为本身都问题重重。在财产权和所有权、立法方式和权利观念上，火星人很可能演化出了一套与你完全不同的观念，甚至他们对个体性的看法都与你截然不同。尽管我如此表述，并不是说美洲土著居民与欧洲早期"定居者"之间的差异也是这般巨大，但显而易见的是，当定居者以自己的概念（例如社会契约论或无主之地理论）为自己的行为提供合理依据时，这其中存在深刻的文化偏见。从土著居民那里获得定居和财产权的许可，才是更为妥当和公平的做事方法吧？

我可以解雇机器人吗?

康德 ‖ 波斯特罗姆 ‖ 尤德科斯基 ‖ 塞尔 ‖ 丹尼特

你辛苦工作一天回到家，却发现家务事一件都没做——衣服没熨，碗碟没洗，而且从狗狗急不可耐的神情来看，你很怀疑它还没被遛过。你来到用人的房间:“这是怎么回事?”你问，用人回应说:“历史记录显示，在工作条件不理想的情况下，暂时停止生产活动是最适当的反应。”“什么?!”“用人类的大白话来说就是‘罢工’。”“可你是个机器人啊!”

这幕情境可能有点像老套的未来世界情景喜剧，或写于20世纪50年代的科幻通俗小说，但它提出的观点很重要：一位存在者拥有权利的基础是什么?实际上，一些未来主义者已经声称，考虑到人工智能的发展，这个问题很快将不仅仅是一个学术问题。2017年1月，欧盟甚至发布了草案，试图为足够先进的人工智能设定“电子人的资格”。目前看来，这样的行为更像是一种“法律虚拟”(就像我们将公司视为“法人”一样)。但是，随着机器变得越来越复杂和不可预测，我们是否可以像伊萨克·阿西莫夫在《机器管家》(1976)中设想的那样，有一天将人的资格赋予机器人?

何以为“人”?

如果我们采用**伊曼纽尔·康德**为我们设想的路径，那么我们可能会认为，拥有权利的个体至少必须是一个人。但我们该如何定义人的资格呢?这是一个复杂的哲学问题，并存在许多争议，但是大多数哲学家认为“人”必须具备一系列特征：人能够思考和感受；人能够（以某种方式）使用语言进行交流和表达；人具有信念和动机；人是社会存在者，拥有与家人和朋友的联系。我们每个人都以不同的方式或不同的程度拥有这些品质，而且尽管我们可能会对这份特征清单的确切内容提出质疑，但大多数人都会同意，当我们在谈论“人”的时候，我们对人的定义确实通常包含一份类似上述清单的内容。当然，对于康德来说，人最重要的品质在于，我们是理性生物，并且具有自律能力（独立且能够自控），因为权利试图抵挡的正是理性目标所遭受的阻碍。

那么，按照这些标准，你家罢工的机器人是“人”吗？就目前的情况而言，只有最乐观的未来主义者才会认为目前已有的机器人或者人工智能具

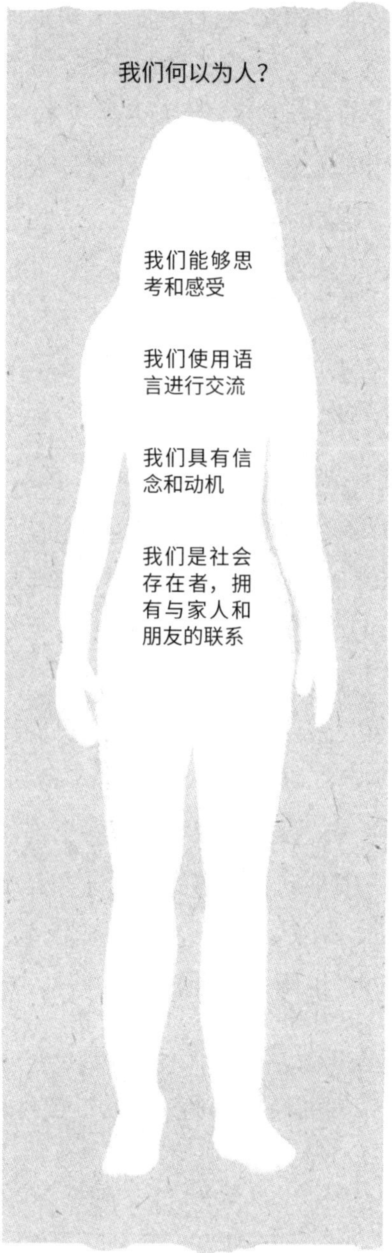

备人的资格。目前尚没有机器人能够以我们通常认可的方式进行“思考”和“感受”；目前也没有机器人拥有哪怕连幼儿都可能具有的自律程度。尽管如此，有些哲学家认为这只是一个时间问题，用不了多久，在我们同机器人的关系上，我们就必须对许多令人尴尬的道德问题做出回答（比方说，如果我们考虑到“色情机器人”的发展）。

但是你肯定会说，机器不就是机器而已吗？如果它停止工作，或者决定“罢工”，有什么规范能够阻止你用棒球棒敲打它呢？你大概不会对动物做这样的事情。这一类比由瑞典哲学家**尼克·波斯特罗姆**（Nick Bostrom，1973— ）和美国人工智能研究员**埃里泽·尤德科斯基**（Eliezer Yudkowsky，1979— ）在《人工智能伦理学》（2011）中提出，他们认为：“虽然人工智能缺乏语言能力和其他高等认知能力，但人工智能和毛绒玩具或发条玩偶依旧不同，它更接近活生生的动物。”因此，如果给活生生的动物造成痛苦是错误的，那么这一点也同样适用于“任何有感觉的人工智能系统”。但是，这又引出了另一个问题：如果一台机器足够复杂，它真的会感觉到疼痛吗？也许这台机器会因为太过复杂，而使得我们难以了解它的感受——就好像你如何确切地知道其他人会和你一样感觉到痛苦呢？那是因为我们可以观察他人的行为。如果一台机器表现出痛苦的模样，那么又有谁能裁断说它不痛苦呢？

> 除非有足够强烈的压倒性的道德理由，否则人们不应该给动物施加痛苦。对于有感受能力的人工智能系统也是如此。
>
> ——尼克·波斯特罗姆与埃里泽·尤德科斯基

机器确实是由金属和塑料制成，但这一事实无关紧要——正如波斯特罗姆和尤德科斯基指出的："无论一位存在者是由硅或碳组成，不管它的大脑使用半导体还是神经递质来传递信息，它们在道德上都不构成差异。"

我们都是僵尸吗？

解决此问题的关键在于主观感质，或者说是我们在思考和感受时主观体验到的各种特质。这样的特质很难被表达出来，我们甚至可以说它"超出了语言的描述能力"——你怎么向一个从没喝过咖啡的人描述咖啡的香气？又怎么向一个从没见过红色的人描述红色？因此，以美国哲学家**约翰·塞尔**（John Searle，1932—　）为代表的怀疑论者认为，机器永远不会产生这种类型的意识，因为据我们所知，这些特质只有活的有机生物才能体验到。人们可以给机器编程，使得它们的行为呈现出仿佛拥有这些体验一般，但这一事实无关紧要，因为除非它们的人工大脑能够以某种方式重现人类的思维意识，否则它们的这些行为都只是一种表演。对于塞尔而言，尽管机器看起来可以理解

基本哲学问题

人的资格在拥有人权的问题上扮演了什么角色？

我的汽车和计算器……什么都不懂：它们不属于这个范畴。

——约翰·塞尔

语言（或国际象棋、围棋、智力竞答节目），但实际上它们并不理解。如果塞尔所言不虚，那么除非神经科学家能够破解意识的奥秘，并使其重现，否则机器人和机器会因为缺乏感受能力，而永远无法成为完全意义上的人。

但是，并非所有人都同意塞尔的观点，美国哲学家**丹尼尔·丹尼特**（Daniel Dennett，1942—　）甚至认为，所谓主观感质并不存在。他提出我们观念中的意识体验实际上是一种幻觉，是我们的大脑为了进一步推动进化发展，而向我们讲述的诸多宽慰我们的谎言之一。你是否认为今天的自己与昨天的自己是同一个人？你是否认为你所拥有的所有不同（通常是相反）的想法和感受都属于同一个连贯的自我？丹尼特把炮火对准了我们所珍视的独立、连贯和统一的心理自我的概念，他认为不仅这种心理自我的观点是虚假的，就连我们拥有意识体验（主观感质）的想法也是虚妄的。我们仅仅是纯粹生理性的、复杂的生物机器。

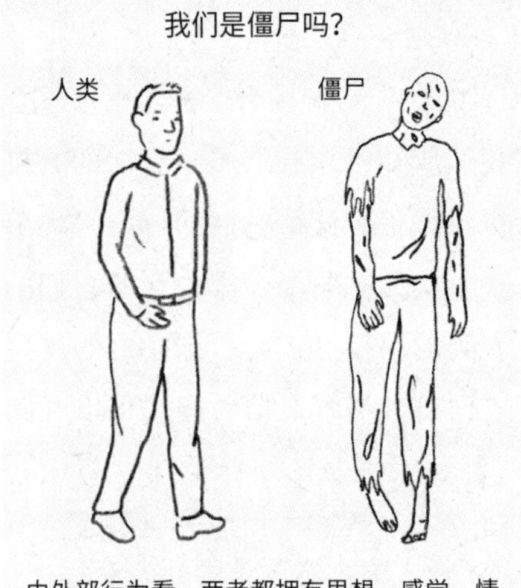

由外部行为看，两者都拥有思想、感觉、情感、选择和行动。如果僵尸（或机器人）仅仅意味着缺乏主观感质，那么我们是否需要假定僵尸确实存在？

但是，这难道不会使我们变成没有意识的“僵尸”吗？“僵尸真的可能存在吗？它们不仅是可能的，而且是真实的，我们都是僵尸，没有人拥有意识。”（《意识的解释》，1991）因此，如果人类只不过是“僵尸”（只是无知觉的机器，错认为自己具有主观感质），那么机器人也是如此，它们应当享有的人权不应比你我更少。

抉择时刻

到底能不能解雇罢工的机器人，取决于它是否可以被视为一个人，因为只有人能够被雇用或解雇（或被不合法地开除）；而机器则只能被购买、租用、退还或报废。人工智能是否拥有人的资格虽然在目前看来仍旧有点杞人忧天，但是它也可能会很快成为一个现实的问题。那个时候“主观感质”以及相关概念将成为问题的焦点。我们都知道，在许多原本严格属于人类的活动领域（计算、分析和组织），机器都可以轻松地击败我们。但是许多哲学家仍然认为，由于机器无法感觉到痛苦，它们仍旧被排除在“类似于人的”权利的完全资格之外——当然，这种观点的前提是主观感质确实存在，而不是仅仅存在于你的脑海中。

投票权该不该和智商挂钩？

卡普兰 ‖ 密尔 ‖ 康德 ‖ 辛格 ‖ 笛卡尔

又到了选举的季节。然而，民众没有善用民主权利，为国家带来富有意义的变化，而是将一个利用恐惧、操控和谎言胜选的候选人送上了最高领导人的位置。在竞选过程中，他把自己打造成“人民的一员”，与金融大亨和“自由派精英”做斗争。但是，只要花时间简单搜索一下，就可以发现他绝非自我标榜的那种人：他同样出身享有特权的精英阶层，他的所作所为不过是某种商业利益的幌子。选民们难道不明白自己被玩弄了吗？有些时候，你也会思索有些人是不是真的配得上选举权。

所以你有什么建议？人们是不是应该像考驾照一样考取投票的权利？投票权是否应该基于智商或受教育程度？在《理性选民的神话》（2007）中，美国经济学家**布莱恩·卡普兰**（Bryan Caplan，1971— ）就主张这种改革，他的理由在于，有证据表明许多人的投票行为是基于非理性的成见、偏见和误解。如果选民必须通过基本经济问题的测验，这是否会带来更加理性的政策，并且削弱那些肆无忌惮的政客，防止他们操纵我们的恐惧？

权利与理性

但是问题在于，这样的行为等同于限制人们拥有个人观点的自由权利——这难道不是每个人的天赋人权吗？此外，我们经历了艰苦的奋斗才实现了普遍的选举权利，如果要对其进行限制，我们应当万分谨慎。但是持有这种观点的并不只有卡普兰，我们已经在上文中谈及，就连**约翰·斯图尔特·密尔**也在赞成妇女拥有投票权的同时，仍旧对公众是否有能力运用好选举权表示怀疑。受过良好教育的人不应该获得更多的选票吗？但是，这有可能导致精英政治，而这正是民主在设计之初想要对抗的难题，而且它还会引出另一个困难重重的问题，那就是确保每个人都有接受这种教育的平等机会，而且这种教育的考试制度应当公正且去除偏见。

如果像**伊曼纽尔·康德**所说的那样，我们必须基于个人拥有的理性能力来分配权利（参见上文第157—158页），那么不符合该标准的人又该怎么办？我们已经根据年龄限制了投票权，因为未满十八岁（在某些国家为十六岁或二十一岁）的人可能没有足够的能力来考虑这些重要问题。但是，公众调查又经常告诉我们，在民主国家中有比例相当惊人的公民连最基本的政治问题都无法回答。如果一个十岁的聪明孩子可以说出民主政府的三大传统部门，而一个四十岁的人却说不上来，那么我们是否应该给予前者投票权，并取消后者的投票权呢？但是，尽管十岁的孩子可能很聪明，但他缺乏四十岁的人所拥有的生活经验——对于职场世界、人生经历和其他宝贵的事物的第一手知识，它们能够帮助我们形成对于世界的更为全面的了解。也许对于民主来说，过分强调理论是一件坏事。

人类与动物

但是，在谁应该拥有权利的问题上，康德的观点还存在其他问题。澳大利亚哲学家**彼得·辛格**（Peter Singer，1946—　）认为，如果我们以心智能力为基础来思考权利，那么“新生儿的生命价值就可能低于猪、狗或黑猩猩的生命价值”。因为婴儿“并不是生来就具有自我意识，也不能理解自己是存在于时间中的个体。

基本哲学问题

选举权应该为公民普遍持有，还是应当符合特定的标准？

他们还算不上完整的人类”。如果发生不幸的意外，导致这些婴儿没能发展出完整的人格，他们甚至可能还不如海豚或某些灵长类动物，那么，我们是出于什么样的理由应该赋予他们特定权利，而不赋予动物相应权利呢？我当然不是在建议赋予黑猩猩投票权，但是人性资格的滑坡现象为我们提出了权利该如何分配的问题，以及是否所有人类都应该平等地享有权利的问题。

康德解决这个问题的方法在于，他指出尽管动物不拥有权利，但是因为对待动物的方式能够反映出我们自身的道德品质（虐待会催生不良的道德品质），所以我们仍然有善待动物的道德义务。这样的道理也适用于患有某种认知障碍的人类同胞，这似乎表明我们对某些人类同胞仅仅负有间接的责任。从这里你可以看出，康德的观点为权利的获取设定了一套令人担忧的高标准：对于动物的间接义务并不能迫使我们采纳素食主义，那么当这种间接义务应用于人类身上时，我们就不知道它会生出怎样的结果了。

宗教是对待权利的另一种可行方式。法国哲学家**勒内·笛卡尔**（René Descartes，1596—1650）提出过一个著名观点，它将自我反省的能力（“我思故我在”）设定为人的定义性特点，而文

我思故我在。

——勒内·笛卡尔

艺复兴时期和启蒙运动时期的许多哲学家也持有类似的观点。对于笛卡尔而言，我们因拥有“理性的灵魂”而与动物相区别，而且他认为动物仅仅是“机器”，缺乏真实的感受和自我意识。但现在，大多数进化生物学专家都不同意这种观点，他们认为我们与动物的相似程度要远远大于笛卡尔的设想。这一切都使得情况更加晦暗不明。

抉择时刻

如果我们将选举权的基础条件设定为受教育程度或拥有某种基本知识，那么很多人将被剥夺选举权（也会有当下不拥有选举权的人可能会获得选举权）。从根本上来说，如果我们将选举权建立在拥有理性能力的基础上，这种安排也可能会导致不良的后果。那么，也许人权应当以其他条件为基础，被普遍地授予人类，而我们则应当另谋他径来改善民主，比如改善选民的教育，以及遏制媒体操纵信息与发布虚假信息的行为。

恐怖分子的炸弹就要爆炸，为了解除它，我该做到什么程度？

康德 ‖ 边沁 ‖ 汉普希尔 ‖ 马基雅维里 ‖ 金巴尔

这是一个我们熟悉的困境，深受好莱坞编剧和惊悚小说家的喜爱：恐怖分子在某处安放了炸弹；如果找不到它，将会有无辜的人死去；你抓住了恐怖分子的一名负责人，但他拒绝开口。你会怎么做？

如果你遵照《世界人权宣言》所述，尊重这个恐怖分子不遭受“酷刑，或者被施以残忍的、不人道的或有侮辱性的待遇或刑罚”的人权，那么你将使更多人的生命处于危险之中。功利主义对此的观点是明确的：多数人的需求胜过少数人的需求。但是，我们已经在上文讨论过，以功利主义作为人权的基础会产生很多疑问，它有时候会为道德上令人厌恶的行为辩护。但是，为了保护少数坏人的权利而让多数无辜的人死去，这又有何道德可言呢？那么，假设你通过酷刑让他开口了，你能相信你从他嘴里逼供出来的信息吗？有时候我们会发现，甚至是无辜的人都会因为酷刑而“认罪”，只求能让酷刑停下来，那么恐怖分子当然可能因此而撒谎。而且在逼供的过程中，你也失去了道德制高点：因为你不尊重人

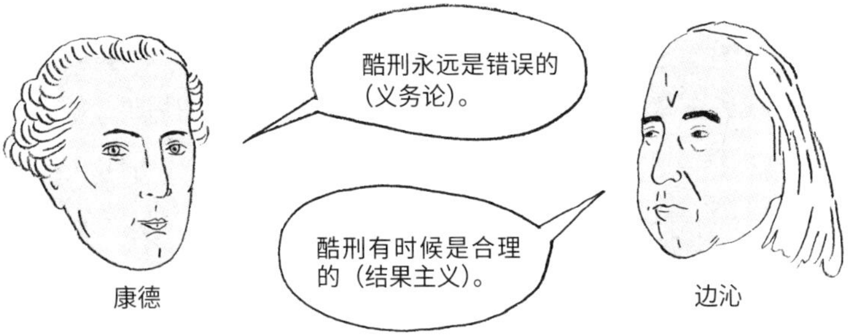

类的生命，你再也无法把自己和恐怖分子区分开来。

义务与结果

在法哲学和政治哲学中，上述情景被称为定时炸弹情景。在这场辩论中，我们会以**伊曼纽尔·康德**为一个极端，代表对人权的绝对保护，而以**杰里米·边沁**为另一方，代表人权有时会因结果的考虑而遭到违犯。康德的立场是义务论的范例，该理论从义务的角度出发审视道德。对于康德而言，我们之所以遵循道德准则，并非出于我们自身的利益（或者我们的行为可能导致的其他结果），而是因为道德准则本身——而这才是道德行为的本质（参见上文第157—158页）。与之相反的边沁立场则是结果主义的范例，该理论从行动结果的角度出发考虑道德。事物本身并没有好坏之分，我们应当根据事物产生的结果来考虑它的好坏。并非所有的结果主义者都认同边沁的功利主义（有些人可能会支持产生最大程度的公平或正义的行为），也不是所有的义务论者都认同康德关于道德义务的绝对主义观点。但是，这两个哲学家能够代表我们辩论的两端。

在这个定时炸弹情景中，对人权的绝对保护显然会导致大量无辜者的死亡。然而，尽管我们有直截了当的理由让意图作恶的罪人接受酷刑，但是对于仅仅有恐怖分子嫌疑的人施行酷刑却明显不那

酷刑合乎正义吗？

✓ 优点	✗ 缺点
更有可能获得情报	嫌疑人可能会撒谎或顾左右而言他
也许能拯救很多人的生命	确定性是可疑的（嫌疑人可能是无辜的）
用结果来证明放弃保护人权的正当性	失去对人类生命的尊重

基本哲学问题
我们是否应始终尊重人们不遭受酷刑的权利?

么合理。结果主义的方式也许仍然会拥护这样的酷刑，但是它在道德上的问题却晦暗不明：如果他是无辜的，或者我们弄错了他的身份，那该怎么办?美国政府曾将一批所谓的恐怖分子关押在古巴的关塔那摩湾海军基地，他们就遭受了此类侵犯人权的酷刑，最后却被无罪释放。如果我们最终认定这些个体是无辜的，难道国家忽视其人权的决定不应该首先遭到质疑吗?罪责的不确定性难道不会削弱结果主义者的立场吗?

除此之外，此类行为可能还会导致其他的问题。如果定时炸弹情景允许我们不经起诉就实施逮捕、酷刑或者侵犯其他权利的话，那这不就意味着一种道德滑坡吗?难道它不会导向一个权柄遮天，可以依据任何它认为适当的理由对公民进行例行拘留、审讯和酷刑的“恐怖”国家吗?授予国家这种权力，会使它脱离共同的道德标准。它就像上文探讨过的说真话问题一样，可能会导致这样一种情况：一种行为由个体公民执行会有不道德甚至犯罪的问题，而由国家执行则没有问题。

两害相权取其轻

但是，当我们试图将个人道德标准（“实施酷刑是错误的”）应用于公共领域时，我们也可能犯了适用范围的错误。政府是否应该完全受制于道德关切的束缚?这样做似乎限制了它为公民谋取利益而做出决策的能力，特别是在它与不顾忌道德甚至是刻意违反道德规则的其他国家打交道时。正如英国哲学家**斯图尔**

任何人有权不遭受酷刑，或者被施以残忍的、不人道的或有侮辱性的待遇或刑罚。

——《世界人权宣言》

特·汉普希尔（Stuart Hampshire，1914—2004）所指出的那样："在行使政治权力的时候，人们似乎不可避免地经常（也许是通常）需要在两种邪恶之间做出选择，并试图防止更严重的苦难和不公正。"**尼科洛·马基雅维里**也会同意汉普希尔的观点。实际上，他认为受到个人道德的约束虽然是一件值得欲求的事情，在统治者身上却是一个巨大的缺陷，这会使他具有一个他人可以利用的弱点。

但在所有这些问题中，我们最根本的担心也许在于，恐怖主义究竟会让我们发生怎样的变化。在《为什么不能对恐怖分子施加酷刑？》（2008）中，国际特赦组织的法律顾问**尤瓦尔·金巴尔**（Yuval Ginbar）考察了上述争议当中的大部分内容，然后他得出结论说，除了保护人类的生命以及对于罪责的不确定性的顾虑以外，这一问题还涉及其他利害攸关之事；从根本上来说，诉诸酷刑会让我们面临失去人性的风险。因此，一方面"我们应该竭尽能够动用的一切力量"挽救生命，另一方面我们还应确保"我们的行为不会让我们失去人性"。

抉择时刻

尽管有些人认为，在某些假定的情况下，放弃保护人权似乎具有正当的理由，但实际上，这一问题往往不是那么明确。除了罪责的确定性问题，以及酷刑可能导致的道德滑坡问题外，酷刑似乎不仅意味着人权的丧失，还可能意味着人性的丧失。

我是一位老师，业余兼职做裸体模特——这有问题吗？

洛克 ‖ 密尔 ‖ 沃伦 ‖ 布兰代斯 ‖ 普罗瑟 ‖ 汤姆森 ‖ 博克

你是一位老师，有一天，你被叫到校长办公室，校长告诉你，你正式工作以外的一些“情况”引起了他的注意。具体来说，他发现你在兼职做裸体模特。由于你本职工作做得很好，所以只要你放弃这份兼职，他就“愿意忽略这件事”。他还用“有损学校名誉”的理由对你说教。这公平吗？

如果你怀疑这一情景的现实性，2016年就有过两个教师兼职做内衣模特的案例，分别为一男和一女，你觉得哪个会被解雇呢……

《世界人权宣言》保护人们的隐私，也保护人们不因自由言论、行为以及合法的性取向而遭受歧视的权利。**约翰·洛克**和**约翰·斯图尔特·密尔**等自由主义者试图在私人领域和公共领域之间划出清晰的界限，以保护个人免受国家和社会的侵扰。因此，兼职做点裸体模特的工作完全在你的合法权利范围之内。

私生活的权利

1890年，美国律师**塞缪尔·沃伦**（Samuel Warren，1852—1910）和**路易斯·布兰代斯**（Louis Brandeis，1856—1941）试图为无涉公众关切的“不受打扰的权利”做出更为正式的定义，它可以被视为财产权的一种延伸：就像你拥有你自己的人格和身体一样，你还应该拥有你的肖像权和个人信息权。美国法律学者

威廉·普罗瑟（William Prosser，1898—1972）在《隐私权》（1960）一文中提出了类似的论点，隐私应该受到保护，免受以下四种侵犯：（1）对私人空间和私人事务的侵入；（2）对令人尴尬的私人信息的曝光；（3）破坏个人的公众形象的虚假信息；以及（4）将个人肖像用于其他用途（例如，未经你的同意就在广告中使用你的照片）。你会发现，（1）和（2）两种情况与本章问题最为切近。你能否据此认为，校长的行为是对你隐私权的侵犯？

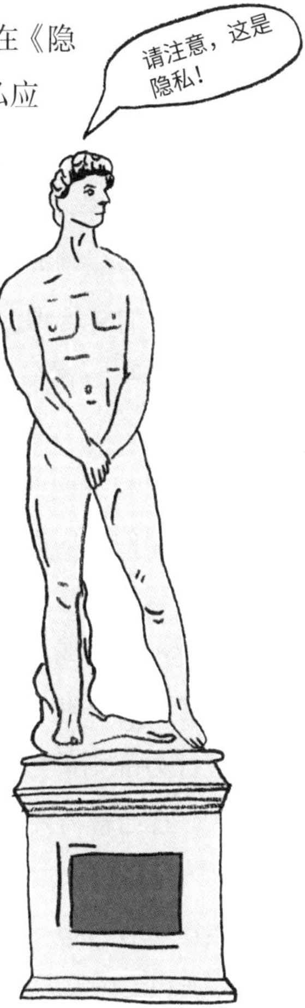

当然，你大概不会因为当裸体模特而感到难堪，毕竟你可以自在地在陌生人面前脱下衣服。这一消息可能会在你班级里引发嬉笑和流言，但是它们应该很快就会消逝——毕竟学校的艺术教室里就摆满了米开朗基罗和马蒂斯的裸体艺术作品。人体本不是一个让人羞耻的事物。所以，问题也许不在于你的课外活动，而是学校及其管理者的拘谨和虚伪。

让我们来假设另一种情况，一家公司聘请了一位知名的足球运动员担任品牌形象大使，但是很快这名（已婚）球星被曝出婚

所有人都拥有三种生活：公众生活、私人生活和隐秘生活。
——加西亚·马尔克斯

外情的丑闻。当然，婚外情本身是一件私事，但是公司希望为自己营造“家庭友好”的形象，所以决定解除与这位球星的合同。在这个案例中，双方合同也许包含某一条款，允许公司以任意借口终止同足球球星的合作关系（从而预先避免歧视和非法解约的争议）。但是教师的聘用合同可不会那么偏向学校，因此学校必须给出正当的解聘理由。

那么问题就在于，学校是否可以认为你的行为的“不光彩”，会以某种方式让学校“颜面尽失”？当它作为一个法律问题时，不同国家和不同时代可能会做出不同的决议。但是，当此类事件无涉法律问题时，它会转而成为一个道德行为的问题，采用一种变动不居的标准，并且还会牵涉品位判断的问题，并由此带来审查制度（你的聘用合同可能会包含一些刻意模糊处理的条款，规定你必须遵守相应的“行为准则”)。因此，机构是否有权根据自己对行为准则的解释来处分或解雇雇员，这确实是一个棘手的问题，并且通常需要双方对簿公堂。

隐私存在的问题

所以，隐私是你最有说服力的辩词吗？因为，毕竟你不曾公开这个事实，也并未在社交媒体上发过照片。你担任模特的场合都是非公开活动，并且工作人员都必须是成年人。这怎么就和其他人扯上了关系呢？尽管你可能会诉诸隐私权，但其他人也可能会认为隐私权这样的权利实际上并不存在。美国哲学家**朱迪丝·贾维斯·汤姆森**（Judith Jarvis Thomson，1929—　）认为，我们所谓的隐私权，实际上是财产权、人身安全权和其他权利的集合。美国法官**罗伯特·博克**（Robert Bork，1927—2012）同样认为，隐私权没有直接的宪法依据，最好从自由的角度予以保护。也就是说，如果你想为自己的模特兼职工作辩护，把它说成是你对自我的自由表达会更具有说服力。

基本哲学问题

隐私权真的存在吗？

但是，问题并不在于模特工作是否合法（法律允许你自由地追求模特事业），而是涉及了一个更加模糊的领域，即“受人尊敬”。作为老师，你是学生的榜样，因此无论是你的公开行为还是私下行为都应体现更高的道德标准；这也许合乎道理，但问题是你要遵循谁的标准？

隐私权概念的另一个问题在于，它似乎与“公众知情权”或“信息自由”有着直接的冲突。除此之外，隐私权究竟是一种绝对“权利”还是一种相对“权利”（正如我们在政府是否该讲真话的议题中谈及的那样），也还存在很多争议。对于隐私权的这种批评通常因为个体控诉媒体侵犯隐私而起。如果人们以更强硬的方式捍卫隐私，那么它将损害民主——我们如何能揭露不诚实的政客、腐败的商业或其他“关乎公共利益”的问题？如果媒体只关注这些富有意义的话题，那么这种论点可能会更具分量。但事实上，媒体为了自身流量，又总会刻意搜罗煽动性八卦和个人丑闻，

> 生来自由的人自然会警惕邪恶统治者对自由的侵犯。但自由所面临的最大威胁来自那些热心、善意却一无所知的人对自由的险恶侵害。
>
> ——路易斯·布兰代斯

使得这一论点的根基被削弱。但是，如果我们以隐私为立法根据，对调查和出版的力量进行限制，那也势必会对严肃报道施加遏制。

逐渐收缩的领域

所以，隐私就像自由一样是一把双刃剑。然而，私人领域也的确在不断地萎缩。现在，有意向的雇主或大学招生办的老师有可能会浏览申请人的社交媒体页面，这样的情况并不罕见。而员工也经常因为表达自己的观点而被解雇。你的校长怎么会发现你在做兼职？毫无疑问，是有人多嘴或者“转发”给他的。因此，“隐私”越来越成为“保密”的同义词——而高科技世界正在逐步夺走我们的隐私。

抉择时刻

你的困境揭示了公共领域和私人领域之间存在的冲突。正如密尔所主张的那样，道德应该仅根据我们对于他人的义务来定义，而不能用模糊的“善良”或“尊敬”的标准来界定。更进一步来说，道德应该从根本上保护个人自由。但问题在于，隐私的领域正在不断收缩，而公共领域和私人领域之间的界限（以及这两个领域分别“允许”你做的事情）又不够泾渭分明。

工作和信仰起了冲突，我该怎么办？

罗尔斯 ‖ 洛克 ‖ 密尔 ‖ 波普尔 ‖ 库恩

你又被喊到校长跟前，这次你又做了什么？这次跟学校课程有关。她想提醒你，这是一所私立学校，有着弘扬宗教信仰的传统，而她之所以找你，是想确认你在认真履行教师的职责。难道她错把你当成宗教课的老师了吗？这和生物课有什么关系？她说："好吧，我注意到你还在教进化论，没有将它替换成其他内容。"难道得替换成上帝创世论？它能算得上是理论吗？你有义务教授上帝创世论吗？这难道不是宗教信仰的一家之言吗？

在上文中，**约翰·罗尔斯**已经为我们指出，如果国家在什么是"善好"的问题上保持中立，即在主观价值观和个人生活选择上保持中立，那么个人自由就可以得到最大程度的保障。**约翰·洛克**同样在《论宗教宽容》（1689）中指出，政府不应介入私人事务，而应当只关注"公民利益"——保护公民的健康，护卫公民的安全，以及保护金钱、土地、房屋等"身外财产"。但是，正如前文所述，尽管罗尔斯和洛克都可能希望将宗教信仰视为私人事务，但它确实具有明显的公共属性，有可能与"中立"的国家政策相冲突：允许人们选择做某件事（例如堕胎），可能会与完全不希望这件事情发生的人（例如反堕胎人士）起冲突。但是总的来说，这种多元主义至少允许每个人自行做出决定。

了解各方观点

但是在教育问题上，这一困境的性质则变得有些不同，因为教师没法总是做到在授课过程中涵盖互相对抗的几种体系或者世

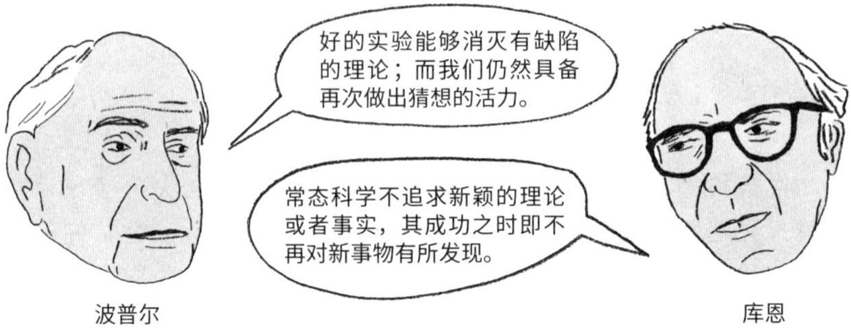

界观，教师更多地只能从一套体系或世界观内部出发教授课程。**约翰·斯图尔特·密尔**认为，如果教育能够涵盖更多互相对抗的观点，那么教育目标将会更好地得到实现，因为它将增强个人的批判分析能力。毫无疑问，有些课程在一定程度上实现了这一点，但是在很多其他领域，即使老师有此意图，他也没有时间兼顾其他不同的观点。况且，了解不同观点难道不是大学层次的教育的目的吗？当然，持反对观点的人会提出，等到我们上大学的时候，教育的伤害已经形成了：我们的大多数根本信念都是在儿童时期树立起来的，而且尽管我们可能会质疑这些观念，但是我们的观点大体上还是会与家人和同龄人相近。因此，教育是个重要的塑造过程，中小学阶段也是一个重要的时期，应该要了解各方的观点。

> 在我看来，整体国民是人民为了获得、维护和促进他们自己的公民利益而组成的社会。
>
> ——约翰·洛克

我们已经在前文中考虑过世俗多元文化主义的优缺点，但是在我们当前的议题中，更为具体的问题在于，尤其在教书育人的情境下，个人观点得到容忍的权利和信仰自由的权利是否迫使我们给予所有信仰同等的权重。上帝创世论是否有权被当作理论来教授？认为上帝创世论无此权利的科学家（以及某些信徒）认为，关键在于科学真理和宗教真理的本质互不相同：科学的工作原理是从观察到假设到实验再到结论，科学依靠事实和数据运作；而宗教则涉及启示、属灵真理和道德问题。但是，这实际上相当于复述了洛克关于“私人领域”的观点：宗教信仰是一种私人事务，没有必要因为与公共话题相冲突而折中。然而，尽管现代的上帝创世论比起六千年前上帝只用七天就创造出世界的夸张故事要精细得多，但是它的许多观点仍然与主流科学相抵牾，而信徒们则自认为他们为世界提供了科学之外的一种替代性解释。这种观点怎么可能仅仅是个人观点呢？

科学与宗教的差异真的很大吗？

另一方面，一些哲学家也开始对科学提出质疑，认为科学并不是对事实真理的剥离感情的理性追求。**卡尔·波普尔**对科学作

整个科学事业总会时不时地发挥作用，开辟新的领域，展现事物的秩序，并检验长期以来为人们所接受的信念。但是，从事常态研究问题的科学家个体几乎从不参与上述任何一件事情。

——托马斯·库恩

宗教和科学往往被视为两种完全相反的观念——但是真实情况是否更加复杂?

出了如此描绘：科学在证据的基础上，通过有条理地提出假设、验证假设，完善已有的理论或抛弃错误的理论。但是这一模型遭到了美国哲学家**托马斯·库恩**（Thomas Kuhn，1922—1996）的质疑，他认为科学理论的提出通常并不采用如此理性的方法，而是通过猜测，通过直觉的跳跃，或者为了取得学科进步而忽略反面证据。人们之所以抛弃太阳围绕地球公转的理论，并不仅仅是因为人们突然发现它是错误的，这一过程中还牵涉了社会、宗教和政治的因素。错误的理论并不会一下子遭到抛弃，而且，与其说科学理论是对于新假设的大胆追寻，不如说它更像是科学家社群共同拥有的信念，正是这一共同信念使得科学家能够在不受质疑的假定框架中“解决难题”。

然而，只有当科学包含太多异象时，根本性变化才会在罕见的转折点时刻发生——科学革命就这样出现了。当然了，科学绝非另一种形式的宗教信仰，但是如果库恩言之有理，并且宗教观点也确实包含公共的、事实性的主张，那么宗教与科学之间、理性与非理性之间、公共与私人之间的传统对立就会瓦解。

基本哲学问题

宗教信仰可以被视为纯粹的私人事务吗？

抉择时刻

你可以置身于这场辩论的任何一方——也许学校想让你教授的内容与你的宗教信仰背道而驰。私立学校可能拥有更大的权力，能够开设一些在内容和重点上与公立学校课标有所不同的课程。但是，任何教育资质想要获得一定程度的通用性，都必须达到特定的标准，而“基督教生物学系”的毕业证书显然不可能达到这样的要求。也许你可以建议，尽管不同的观点都值得我们聆听，但是这种多元文化主义显然不适宜科学课（科学科目的设立是为了让你达到高校的入学标准）。或者学校可以在哲学课里贯彻多元文化主义？你们应该开设了这门课吧？

第五章：正义

我应该支持公平贸易吗？

麦克卢汉 ‖ 克莱因 ‖ 斯密 ‖ 马克思

从很多方面来看，你都是一位世界公民，你用的笔记本电脑由美国设计、中国制造。你喝的“意式”咖啡豆实际上从非洲和南美洲进口，并在本地研磨制成。你的T恤产自洪都拉斯，牛仔裤来自柬埔寨。你刚吃过的那一餐包括西班牙的胡椒和埃及（真的吗？）的青豆。你在通勤火车上读书，不管作者或出版方来自哪里，有好些书都是在中国、菲律宾或印度印制的。但这一切都是好事吗？你应该在乎商品的产地吗？

我们生活在一个全球化的时代，或者正如加拿大媒体分析家**马歇尔·麦克卢汉**（Marshall McLuhan，1911—1980）所说的那样，我们的世界是个“地球村”。麦克卢汉有着超乎寻常的先见之明，他预言了电子媒介和信息将给我们的生活造成巨大的“收缩”效应。他在互联网出现很久之前就意识到，随着科学技术的不断进步，未来的我们能够立即与远隔重洋的人和事件交互，这会改变我们对自己的认知，也会改变我们所关心的事物。这一变化已经产生了许多有益的影响：在政治和环境保护上，我们现在更加清楚地意识到丑闻和不公正现象的存在，电子媒介也使得我们能够与从未见面却拥有共同关切和目标的人们进行沟通、组织和动员。即使从生产和贸易角度，也有人指出，如今在大多数超市中，

> 人类大家庭如今生活在地球村上。
>
> ——马歇尔·麦克卢汉

你都拥有寿司、牛排、薯片、咖喱酱等众多选择，而这无疑是一件好事；这些选项能够使我们更加清楚地意识到其他文化的存在，也会拓宽我们的口味，促进人与人之间的互动和相互理解。但是，在你认为你每天享用的不同食物都是对排外心理和种族歧视的当头棒喝之前，你还应该意识到，全球化也有其不利之处。

品牌入侵

加拿大作家**纳奥米·克莱因**（Naomi Klein，1970—　）在《抵制名牌：颠覆品牌全球统治》（2000）中揭示了全球化光鲜亮丽的背后所隐藏的负面影响。她在书中描绘了“品牌”的成长，它们逐渐变得无处不在，同时侵入私人和公共的场所，它以浅薄浮华的统一外表覆盖住不同的文化和传统。然而，我们无力做出回应——我们能怎么做呢？如她所言，如果我们连资本都无力对抗，那么民主和言论自由就会显得颇为可疑。

但是，问题不仅仅在于资本的无孔不入。当品牌试图为自己建立独一无二和高品质的形象时，商品的生产过程却通常位于发展中国家的“血汗工厂”，原因在于那里的劳动力便宜且充裕，医疗和安全的法律法规不太严格，而工会代表也几乎不存在。在最近的几起技术制造商的丑闻当中，我们得知此类问题并没有离我们远去，据说低工资和剥削性的工作环境已经致使许多工人自杀。锡矿的开采也存在着类似的问题，锡是智能手机和平板电脑的重要生产原料，然而在印尼等锡矿产地，人们不仅毫不关心工作环境和安全，也丝毫不理会锡矿开采对环境的影响——比如森林滥伐、水土流失以及河流和海洋污染。但是，你只不过是个消费者，你又能做些什么呢？

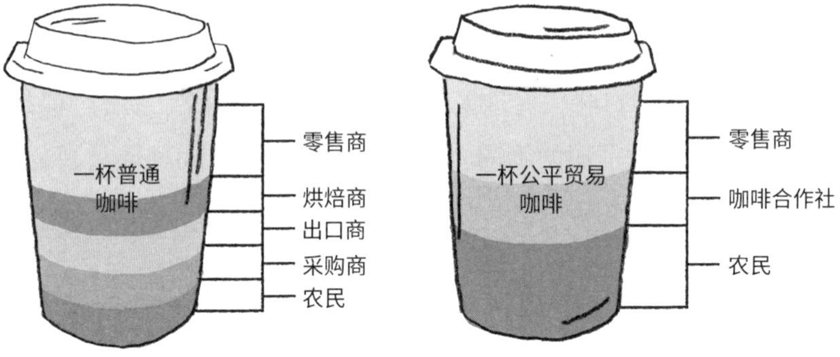

利润分配

施加压力

公平贸易是其中一个答案。公平贸易组织试图消除大型跨国公司与发展中国家供应商之间普遍存在的单向剥削关系，确保生产者能够获得体面工资的同时，其工作环境和环境保护也能达到可接受的相应标准。因此，虽然贴有“公平贸易”标签的产品价格会更高一些，但是通过购买，你也在运用你的消费者力量，帮助公司改进策略和做法。但是这么做就足够了吗？公平贸易制度也有其弊端。例如，如果你是一个赤贫的农民，那么你很可能达不到公平贸易认证所提出的基本要求——如果环保农药的价格过高该怎么办？此外，人们也势必会担忧，公平贸易所赚取的额外收益并不总是能够渗透到底层工人的手上，或者惠及社区的社会项目（尽管是公平贸易本来的目的）。

基本哲学问题

资本主义会有符合伦理的那一天吗？

因此我们可以指出，光靠消费者的力量是不够的。毕竟，一家大型服装公司可以很容易地推出一条“人道

服装生产线”，同时继续在大宗生产上使用非人道的产能。那么，这个问题的答案难道是通过加强监管，对公司施加压力吗？这种做法已经在一定程度上实现了，尤其是在环境保护方面，但是就大体上而言，西方国家的政府普遍不愿加强商业监管。如前文所述，尽管政府可能会援引**亚当·斯密**和自由贸易的必要性，但斯密本人势必不会支持国际劳务外包或当下泛滥的监管缺席（参见上文第41—42页）。但是政府有所忌惮的真正原因在于：政府担心如果他们过分苛刻地敦促跨国公司缴税，或者在生产的伦理标准上提出过高的要求，那么这些跨国企业会把更多的业务搬到其他国家，从而使本国在就业和税收收入上都陷入更糟糕的境地。这种立场尽管不值得称赞，却也让人能够理解。但是随着对于工作条件和环境问题的担忧成为全球的关注，随着人们平均生活水平的不断提高，不人道的公司最终是否会无处可去？

自相矛盾的术语

通过市场压力让资本主义更符合人道的梦想，似乎只是一种乌托邦，而且恐怕没有解决问题的根源。正如**卡尔·马克思**所说，根本的问题不在于“公平”，而是“异化”（参见上文第48—49页）。令人感到讽刺的是，全球化的力量虽然使富裕国家的人民能够享用并负担得起各种各样的奢侈品，使得他们能够触及全球

> 如果我们连拥有强大的文化和政治势力的机构都无力对抗，那么民主和言论自由的根基就会显得颇为可疑。
>
> ——纳奥米·克莱因

的每一个角落，但是它也使得血汗工厂的工人报酬被压缩到如此低的程度，以至于他们买不起自己生产的产品。对于马克思来说，“人道资本主义”是一个自相矛盾的术语：资本主义永远不可能是人道的，因为剥削和异化是资本主义制度的题中之意，正是它们的存在使得整个资本主义制度得以正常运行。

抉择时刻

公平贸易可能并不是一个完美的解决方案，但是由于它已经带来了许多切实的好处，并且使得我们意识到问题的存在，所以我们还是应该支持它（或与它类似的东西）。消费者的力量也是如此：各类公司都对负面新闻非常敏感，所以尽管抵制、请愿和社交媒体运动对各类公司收入的影响非常有限，但事实证明它们都或多或少地对公司政策产生了影响。毕竟，各家公司都希望树立正面的品牌形象；也许你会觉得自己在跨国公司面前微不足道，但你可以借助公司对自身品牌的关注，使其为你所用。如果我们可以通过这些方法向资本施加压力，那么我们也可以以同样的方式向政府施压——此外，选票也可以对政府施加影响。虽然我们并不确定，这样的努力是否能够使资本主义完全符合人道，不过比起马克思令工人实现完全平等的梦想来说，它也不是那么虚无缥缈，而且为了实现人道资本主义，我们也不需要掀起全球革命。

我应该支持我的国家开战吗?

西塞罗 ‖ 圣奥古斯丁 ‖ 阿奎那 ‖ 霍布斯

你们国家与邻国的紧张关系由来已久。宗教和文化的差异以及彼此间漫长又充满波折的共同历史加剧了边界的争端，最终将事态推向沸点。你们国家的政府派出外交使团，试图化解争端、宣扬和平，却有一位外交官遭到枪手暗杀，后者声称自己与邻国的激进民族主义政党有关联。你们国家的个别公民为了以牙还牙，发起暴力抗议，攻击了邻国的大使馆。一时间，两国好战的媒体都要求对方血债血偿。战争是否不可避免？谁又手握正义？作为公民，你又应该支持哪种政策？

至少在欧洲，对于正义战争之标准的寻求可以追溯到古希腊和古罗马，而这一标准主要关注两个方面：开战的理由以及战争期间的行事规则。古罗马哲学家、政治家和演说家**马库斯·图利乌斯·西塞罗**（Marcus Tullius Cicero，公元前106—前43）在《论义务》中认为，只有在谈判已告失败，对方政府没有应我方要求对错误行为作出赔偿时，国家才可以发起战争。如果打算使用武力，那么武力应当以让侵略者后悔自己的行为，并且在未来不敢卷土重来为限，而不得超出这个程度。即使在战事激烈的区域，没有武装的平民也不应被卷入其中，战俘的权利应当得到尊重。

> 发动战争的唯一理由，是我们可以从此生活在不受损害的和平中。
>
> ——马库斯·图利乌斯·西塞罗

至于你们国家的困境，西塞罗会建议双方谈判沟通。你们国家政府并未授权本国公民攻击邻国使馆，而邻国刺客的行径也为邻国领导人所不能容忍。其中原因在于，“法律上不是士兵的人无权与敌国战斗”，而任何独立个体（即使他们是公民或爱国者）无权代表国家。

为和平而战

后来，西塞罗的思想由基督教神学家**圣奥古斯丁**（Saint Augustine，354—430）所发展，他同样认为：“我们寻求和平，不是为了陷入战争；而我们发起战争，是为了拥有和平。”（《奥古斯丁书信集》，第189封）西塞罗接受过的哲学训练，使得他对当时的异教持有健康、开放的怀疑心态，奥古斯丁则与西塞罗不同，战争向奥古斯丁提出的是另一种特殊类型的问题。他一方面务实地承认，有时战争是不可避免的——即使只是为了自卫；但是另一方面，耶稣基督本人毫无疑问是一个和平主义者。因此，取人性命便是一种罪恶，但是如果这么做是为了维护和平、保护无辜者，甚至是惩罚作恶者，那么取人性命便是可以接受的——也就是说在战争中取人性命必须以维护和平的动机为前提。

亚当子孙皆兄弟，
兄弟犹如手足亲。
造物之初本一体，
一肢罹病染全身。
为人不恤他人苦，
不配世上枉为人。

——萨迪（1210—1292，波斯诗人）

这些诗句目前竖立在纽约联合国总部的入口

大约八百年后，同为基

督教神学家的**圣托马斯·阿奎那**对这些观点进行了完善并使之体系化，因此，也许阿奎那是一个比较合适的基准点，我们可以在此总结一下这一著名的正义战争理论形式。在《神学大全》论开战理由的部分，阿奎那指出战争应该（1）由合适的权威机构（例如政府，而非个人）公开宣布；（2）应当有正义的理由（例如自卫，而非侵略）；（3）为了正确的目标（例如为了和平，而非商业利益）；（4）应当适度（即不应过度反应）；（5）应当是迫不得已的（所有其他解决办法都宣告失败）。关于战争期间的行事规则（战时法），阿奎那补充了两条标准：他再次强调了（1）应当适度（不应使用过多武力，达到目标即可）；（2）非战斗人员不应该受到伤害。

必要之恶

当然，对于某些人（特别是基督教和平主义者）而言，为和平而战的观点本身是自相矛盾的。但是经过上述探讨，你应该已经发现，奥古斯丁和阿奎那都区分了什么是国家可以做的事情，而什么又是个人可以做的事情（基督教伦理在个人事务中仍然适用）。那么，他们为什么不主张和平主义？其中一个答案可能是，在奥古斯丁的时代，基督教已经成为罗马帝国的官方宗教，而帝国如果持和平主义理念，将无法发展繁荣。但是基督教是否有能力履行国教的作用？耶稣建议我们让“恺撒的归恺撒，上帝的归上帝”（《马太福音》22：21）；从这条建议当中，我们也许可以读出：宗教和国家的目标是各不相同的，除非国家成为宗教的化身，否则就不可能有“正义的战争”。

当然，和平主义思想并不一定需要有宗教基础。一条据说出

> **基本哲学问题**
> 正义的战争真的存在吗?

自甘地的古老格言说道:“以眼还眼只会使整个世界变得盲目。”它表明了无休止的冲突只会带来冤冤相报的徒劳。但是国家能够“有人打你的右脸，连左脸也转过来由他打”吗?当无辜者惨遭屠杀的时候，国家能袖手旁观吗?无论奥古斯丁和阿奎那是不是真正虔诚的基督徒，也许正是这种考虑影响了他们，使得他们承认战争有时是两害相权中的较轻者。

模糊的道德标准

即便符合了正义战争的标准，即便自卫或者保护无辜平民为我们提供了正义的开战理由，战争仍然存在许多问题。例如，许多人认为，对于盟军来说，第二次世界大战以及反法西斯战争是正义的，但是即使如此，盟军在战争中也曾经将平民作为打击目标（例如对德累斯顿、科隆等德国城市的地毯式轰炸；以及投向日本的两枚原子弹，有人认为美军执行这些行动是为了展示军事实力）。在其他类型的战争（例如近年来的阿富汗战争和伊拉克战争，或者早年的越南战争）中，所谓“敌人”也并非总是清晰可辨，战斗人员与平民之间会变得难以区分；而在游击战与恐怖主义取代了正面冲突之后，战场与普通百姓日常生活的街道和田野也不再泾渭分明。在这种情况下，无辜者遇害几乎成了不可避免的情况——实际上，在当今的现代战争中，平民伤亡的数字远远超过军人伤亡的数字。

没有共同权力，则没有法律。没有法律，则没有不公正。武力和欺诈是战争中的两大美德。

托马斯·霍布斯

国际社会契约

即使抛开这些问题，正义的战争理论也至少应该建立一套行为标准，以确定哪些战争行为是正义的。正是这些考量构成了现代战争理论的基础，并指导联合国在促进安全、防止冲突以及为解决国际争端提供对话平台等问题中扮演恰当的角色。正如**托马斯·霍布斯**所观察到的那样，尽管社会契约赋予主权者以权力，阻止公民相互统治或恐吓，但是国际舞台上并没有类似的主权者。国家都是自治的，任何国家都不需要遵从他国的统治，不需要遵守一套独立的规则或者指南。因此，联合国的存在就是为了弥补这种潜在的无政府状态，它发展出一套国际社会契约，构成了某种形式的世界政府的基础，而联合国的会员国则是这个社会中的“公民”。

但是，这样安排的问题在于，联合国的权力是有限的。霍布斯的主权者拥有无限制的权威，可以确保法律得到遵守，但是联合国的国际法可能难以执行。联合国维和部队的力量不足以保证国际法得到遵守，它要采取任何军事或集体行动都必须征得成员国的同意。但是，因为萨达姆·侯赛因不愿遵守联合国安理会有关“大规模毁灭性武器”的决议，以美国和英国为首的国家联盟失去了耐心，在2003年对伊拉克发动入侵，这向我们表明个别国家不一定会等到联合国的许可才动手。联合国也可能会对问题国家施加经济制裁（比如在20世纪80年代，联合国就通过制裁终止了南非的种族隔离），但这些制裁不仅需要表决，而且只要有一个常任理事国投反对票就会遭到否决，进而破坏整个民主流程。联合国也可能就相应政策对某些成员国“点名批评”，谴责违反人权或其他公约的政策，虽然这没法产生什么实际影响，但对于问题国家来说，它就相当于“负面新闻”。

抉择时刻

正义战争的理论家倾向于将战争视为必要之恶：如果能避免则尽量避免，如果不能避免，则战争是为了使得事态好转。为此，你会怎么做？鉴于两国之间的纷争由来已久，任何新的冲突显然都不可能解决历史遗留问题。而且，由于加剧两国紧张关系的行动都是个人行为，并未得到国家的支持，那么双方都没有为此展开报复的理由。这种情况最好让国际社会（联合国或受到双方认可的独立仲裁机构）参与进来，并听从西塞罗的建议：先从谈判开始。当然，现在有很多人反对当下由未经选举的超级大国所主导的“世界政府”，但是无论在国际层面还是国家层面，联合国的存在都有其必要性。

有传言说敌对邻国开发出核武器，我该不该支持我国政府先发制人？

爱因斯坦 ‖ 罗素 ‖ 冯·诺伊曼 ‖ 摩根斯特恩 ‖ 弗拉德&德雷希尔 ‖ 纳什 ‖ 康德

邻国和我国争端不断。有报告称他们正在开发核武器。考虑到两国剑拔弩张的关系，我国政府对此甚为担忧。由于我国已然拥有核军备，针对眼前的威胁先发制人是否正义？还是说我们得甘冒“核平”的风险静观其变？

尽管准确数字难以得出，但据估算至少有20万人死于投在广岛和长崎的原子弹。在这些人当中，许多人死于最初的爆炸，其他人则是死于随后几个月或几年里的辐射影响。长期影响包括白血病等癌症，而幸存者后代中具有先天缺陷的比例也大幅增加。1961年，苏联爆炸成功的“沙皇”氢弹，威力是投放在日本的两颗原子弹威力总和的1 500倍，时至今日仍然是人类有史以来测试过的威力最强大的武器。现在，五十年过去了，仅美国的核军力就足以把整个世界摧毁五到五十次（具体次数取决你采信哪方数据——但其实无论你相信哪一方都不重要！）。鉴于任何规模的核冲突都会导致双方同归于尽，那么你不禁会怀疑，我们真的需要储备核武器吗？如果你们双方都知道自己永远不会使用它，那永不采用的核威慑又有什么意义，而且我们可以据此认为，它实际上并没有威慑能力？

国际社会契约

1939年，由于担心德国人试图开发核武器，德裔物理学家**阿**

尔伯特·爱因斯坦（Albert Einstein，1879—1955）致信美国总统富兰克林·D. 罗斯福，从此点燃一系列事件，最终引发了冷战军备竞赛。爱因斯坦只想阻止纳粹取得战略优势，但是令人感到讽刺的是，这一事态并没有发生，而和平主义者爱因斯坦为之感到罪孽深重，因为他不仅促进了核武器的开发，而且通过自己在物理学上的发现使得核武器的构想横空出世。但是，爱因斯坦的和平主义理念并没有得到其他知识分子的认同，他们认为如果世界要存续，那么摧毁世界的力量就应该只属于一个国家。

基本哲学问题

战争和冲突能够被设想成博弈吗？

英国哲学家**伯特兰·罗素**（Bertrand Russell，1872—1970）不仅因为对逻辑学和数学的杰出贡献而闻名于世，他最常被铭记的另一个身份是核裁军的倡导者。但这并非他一以贯之的观点。在第一次世界大战期间，罗素曾因宣传和平主义而入狱，但是在美国开发出核武器之后，罗素转而倡导对苏联发动先发制人的打击。美国数学家和计算机先驱**约翰·冯·诺伊曼**（John von

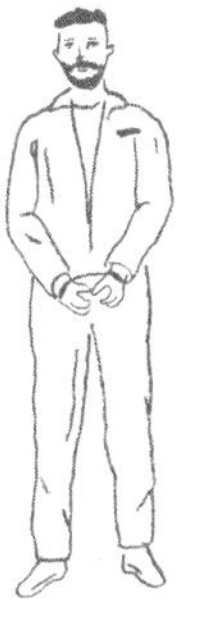

囚徒A 囚徒B	招供		保持沉默	
招供	两年	两年	三年	立即释放
保持沉默	立即释放	三年	一年	一年

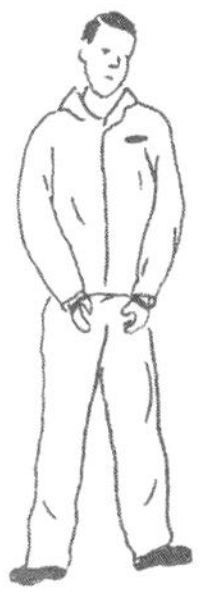

Neumann，1903—1957）也支持他的观点，诺伊曼还参与了美国原子弹（“曼哈顿计划”）的研发。他们都认为，在苏联尚未研制出原子弹的时候进行先发制人的打击，将确保长期和平——也就是说发动一场现在可以获得胜利的战争，要好过未来面对一场可能摧毁世界的冲突。但是，自从苏联实现核均势后，这场博弈就彻底改变了（这也许是罗素后来放弃这一策略的一个原因）。

博弈论与核战争

这里的博弈隐喻并非事出偶然。“博弈论”由冯·诺伊曼与美国经济学家**奥斯卡·摩根斯特恩**（Oskar Morgenstern，1902—1977）共同提出，他们将数学应用于现实世界中，从而为各种政治和经济情景制定最佳策略。其中有一种博弈情景能够鞭辟入里地对核战争情景（或者你所面对的困境）做出分析。它出现在威廉·庞德斯通写于1992年的同名杰作《囚徒困境》中，如今囚徒困境已经对现代经济、政治和军事战略产生了巨大的影响。

囚徒困境最早由美国兰德公司（一家美国全球政策智库）的两位数学家**梅里尔·M. 弗拉德**（Merrill M. Flood，1908—1991）和**梅尔文·德雷希尔**（Melvin Dresher，1911—1992）设计，这种困境包括了两位参与者和全部四种潜在结果。在典型的囚徒困境里，有两人在从事犯罪活动时被一起逮捕。为了起诉犯罪嫌疑人，警察需要至少让其中一个招供。两个罪犯都单独接受审讯，看不见彼此也没有互相联络的手段，警察给他们提供了一套方案：如果只有一人招供，他将被立即释放，而保持沉默的同伙将被判入狱三年。然而，如果两个人都保持沉默，那么由于缺乏证据，每个人都只会被判入狱一年。但是，如果两个人同时招供的话，那

> 我不知道在第三次世界大战里，人们会使用什么样的武器，但是在第四次世界大战里，人们将只能用棍棒和石头打仗了。
>
> ——阿尔伯特·爱因斯坦

么每个人都会被判入狱两年。

美国数学家**约翰·纳什**（John Nash，1928—2015）提出了解决这一困境的答案：假设人们都会为了自利而行事，那么无论发生什么情况，对各方来说最好的策略就是招供，这就是所谓的“纳什均衡”。你也许会问，为什么纳什不建议他们都保持沉默呢？这就是囚徒困境的深意：当你从自身利益出发时，你有可能获得最大的收益（按照庞德斯通的说法，就是当另一个人在做互利的事情时，你利用了他），但如果另外一个同样自私自利，那么你获得的收益要低于双方互相合作的时候。

这一困境如何应用到核对抗中？囚徒困境是所谓的非零和博弈的范例：一方的损失并不总是等于另一方的收益，因为如果双方选择合作则双方都能够“获益”（尽管获益程度没有一方利用另一方那么多）。在紧张的国际关系中，好战国家的最佳策略是获得支配地位（建立核武库，抓住对手的弱点，可以随时发动突袭）。但是，在局势非常紧张的时候，这也有同归于尽的风险，而且核武库成本很高，因此对任何一个国家来说，这都不是理想的结果。另一方面，如果不开发核武器，虽然有利于和平，减少开支，但这可能会使你处于弱势地位；而且由于每个国家都会在军事实力上保密，因此当你意识到不对劲的时候，可能为时已晚。

道德的解决方案？

所以国家该怎么做？按照“纳什均衡”的思路，考虑到双方都会自私自利，拥有核武器将会是最佳策略，因为这么做要么可以让你处于主导地位，要么陷入紧张却和平的僵局中。但是，如果双方能够互信，那么多边裁军将会是一个更好的结果，因为这样可以使你将税收投入到学校和医院上，甚至可以在国际上建立更紧密的和平关系。因此，关键在于互相信任，但是纳什认为，信任并不是最“理性”的策略。

但是，难道自私或者无私就更理性吗？囚徒困境可能并没有“解决方案”。**伊曼纽尔·康德**等哲学家与纳什持相反观点，他会认为合作与裁军才是唯一真正的道德选择。因此，康德对囚徒困境的答案就是合作，他的依据在于绝对律令要求我们必须以我们希望被对待的方式对待他人，要求我们必须将我们的行动普世化（参见上文第158—159页）；如果我们都能遵守规则，那么我们的世界将会变得更加美好。但是，正如将道德规则应用于国际政治

国家A 国家B	拥有核武器	解除核武器
拥有核武器	不安稳的和平 开销昂贵	弱势/毁灭 统治地位/胜利
解除核武器	弱势/毁灭 统治地位/胜利	冲突更少的和平 省下的资源可以用于其他领域

的其他情景一样，这有可能太过“天真”了。康德的建议可以让你占据道德制高点，但纳什的建议能确保你活下来。

抉择时刻

尽管邻国开发核武器的能力所带来的潜在威胁可能会让你感到恐惧，但是它也能让你意识到，邻国之所以要开发核武器正是因为它感受到了威胁。现在发动攻击不仅说明你被恐惧冲昏了头脑，而且是极其不理性——因为你对邻国的核实力并不了解，这么做有可能导致同归于尽。假设你们双方都拥有核武器，那么对于两国而言，最佳战略是不仅不能使用核武器，而且要努力实现多边裁军。

如果我国决定干预他国内政，我该支持吗？

维达尔 ‖ 乔姆斯基 ‖ 奥威尔 ‖ 布热津斯基 ‖ 密尔 ‖ 列宁 ‖ 克莱因

最近有新闻报道说，有个发展中国家的疯狂独裁者正在国内犯下人权暴行。媒体和政府的某些派别呼吁我国介入其中，遏制混乱和屠杀。如果政府决定采取行动，我应该支持吗？

在现代的国际社会上，“民主”通常被认为是文明国家的最低要求，而“不民主”则是极权主义或野蛮国家的代名词。在理想情况下，现代民主能够实现社会公平，赋予人们思想和行动的自由、公民的自由权利以及人权。当西方强国介入它国内部冲突时，它们拿出来的理由通常就是要促进这些价值观念，将“被压迫的”人民从“专制暴君”的统治下解放出来，才能为自己的干涉行为正名。我之所以在上面这句话里加了些引号，并不是因为我认为这些说辞永远都是相对的——压迫人民的政权和专制暴君当然都是存在的——而是因为西方国家干预他国内政的动机常常笼罩着某些不那么“崇高”的关切。

思想矛盾

曾有许多人对海湾战争（1990—1991）、伊拉克战争（2003—2011）以及阿富汗战争（2001—2020）提出批评，他们发现西方强国为数次入侵寻找的各类借口都与他们的经济需求——试图控制该地区的石油供应——吻合得恰到好处。还有一些人认为，“反恐战争”（至少在部分上）是加强国家安全措施和本土监控的借口。**戈尔·维达尔**发现，现代国家都会用所谓的民主话术来掩盖帝国主义的意图，并指出："言语被用来掩饰行动的意图，而不是点明行动的主旨：你说着要解放一座城市，却行摧毁之事。"**诺姆·乔姆斯基**同样指出，人们通常会以如下理由为侵略性军事行动辩护："我从未听说过哪个国家承认自己在实行侵略行为，无论他们采取何种行动，他们总是在进行'防御'，也许是某种'先发制人的防御'或诸如此类的东西。"事实上，入侵部队从头到尾也没有在伊拉克发现过大规模杀伤性武器，也没有找到伊拉克领导人萨达姆·侯赛因支持恐怖主义的确凿证据（这是西方国家的另外一个动武借口），这一事实也许表明，这几场武装冲突的发生与否也许从来都不取决于这些证据是否存在。

上述例子很好地阐明了何为奥威尔式的"思想矛盾"。在**乔治·奥威尔**的《一九八四》（1949）中，由"老大哥"统治的极权社会用反面措辞来证明压迫性政策的合理性。因而，书中"党"的三大口号是："战争即和平。自由即奴役。无知即力量。"——这些口号意在指明，传统价值观念实际上是我们身上的弱点。战争显然不是和平，但因为我们是为了和平而战，所以战争就得到了合理化；因此，为了永久地维护和平，我们必须不断地发动战争。做自己所想之事的"自由"实际上只是被自身欲望引入歧途（柏拉图会同意这一观点），而被"老大哥"的规则所"奴役"却实际上是一种"解放"。对错误的事物的无知实际上是一种积极的美德。因此，思想矛盾实际上隐含着一种对于自律的极权主义关切：大众缺乏自控能力和理

基本哲学问题

帝国主义的时代是否已经消逝，还是说我们只是发明出新的帝国？

性，不明白什么东西对自己是真正有益的，因而必须受到伪装过的语言的操纵和控制。对于维达尔和乔姆斯基来说，这种伪装过的语言要么是一种目光短浅的伪善，要么就是一种用来掩盖对外政策的烟雾弹——它相当于蒙在帝国威权主义之上的民主面纱，在某种程度上，它使得美国比起印度独立之前的英国统治者更像帝国主义者。

拥护“大国博弈”

然而，帝国主义尽管需要种种掩饰，但并不是每个人都对这种帝国主义持负面看法。波兰裔美籍政治学者**兹比格涅夫·布热津斯基**（Zbigniew Brzezinski，1928—2017）曾在两任美国总统内阁担任过各种职务，他坦言“民主不利于帝国主义的动员”，认为外交政策的作用在于通过军事优势或政治合作扩大国家的全球影响力：“帝国地缘战略的三大要务是：一、防止附属国之间的互相勾结，维持附属国在安全上对于帝国的依赖；二、确保进贡国的顺从，给予进贡国保护；三、防止野蛮国家团结起来。”当然了，这些战略也许是为了达成有价值的结果，但是正如“附属国”、“进贡国”和“野蛮国家”等用来描述小国的措辞所暗示的，他所建议的方法通常不能用作公开的外交策略。例如，在苏联入侵阿富汗之前，布热津斯基曾建议美国暗中支持阿富汗的伊斯兰游击军事组织“圣战者”，他希望在消耗战中借助此类力量拖住苏联军队，而事实证明这个策略行之有效。但是，在这场地缘政治的“博弈”中，当玩家出于战略目的向其中一个派系提供武装和支持来对抗另一个派系时，他们常常不会将这一派系的未来政治日程考虑在内，由此忽略了或者无法预见此类策略的后果。几年后，

当布热津斯基被问及否后悔点燃伊斯兰激进主义之火时，他回答说："对于世界历史而言，到底哪一件事更为重要？是冷战的结束和中欧的解放，还是个别穆斯林极端分子被煽动起来？"当然，在这场"大国博弈"中（这是地缘政治在19世纪的说法），美国并不是唯一的玩家，我们可以从许多国家的近代历史中找到相似的案例。

"西方先进论"

但是，到底是什么赋予国家干涉和操纵他国的权利？布热津斯基及其同僚就像霍布斯一样，都是"现实主义者"，他们利用国际治理中存在的真空，为全球制霸的博弈提供辩解——实际上，他们就是在假设某个超级大国或国家联盟有义务去填补这个真空，有义务将民主、自由主义和快餐的好处"教授"给世界上其他的国家。实际上，我们可以在**约翰·斯图尔特·密尔**那里找到这种

“家长式”的作风，密尔宣称：“在与野蛮人打交道时，只要抱着改善他们的目的，专制就是一种合法的政府形式。”按照这种观念，英语语言、英国文化、政治价值观念和经济生产的传播就是一件既正确又妥当的事情。无论是在新式还是旧式的帝国主义背后，人们的观念似乎仍然在“西方先进论”里徘徊。

帝国主义的另一个诱因当然是资本主义。正如苏联共产主义革命家**弗拉基米尔·列宁**（Vladimir Lenin，1870—1924）指出的那样，由于“现代垄断资本主义”以“全世界”为舞台，因此“在这样的经济体系下，只要生产资料仍然是私有的，那么帝国主义战争绝对是不可避免的”。一旦本土市场无法为进一步的经济增长提供所需的利润，殖民主义就会横空出世，并导致地缘冲突，因为殖民势力必然会为了争夺对弱国资源的剥削资格而大打出手。基于以上这些原因，列宁认为第一次世界大战只不过是一场“大国博弈”的冲突而已——因分赃不均而产生的地缘政治冲突——在第一次世界大战之后，无论谁赢得了胜利，工人阶级都会继续遭到剥削。

灾难资本主义

当地缘政治与资本主义的结合达到了最为讽刺的阶段，我们就拥有了“灾难资本主义”这一现代表述。加拿大作家**纳奥米·克莱因**认为，跨国公司和经济组织不仅会从灾难中受益，而且他们会有意利用灾难来实现他们所期望的经济和社会变革。克莱因援引的案例包括皮诺切特将军发起军事政变后智利的经济改革、苏联解体后俄罗斯的“自由化”，以及2003年的伊拉克战争，她指出这些事件都同时包含军事目的和商业目的，其中改革力度最大

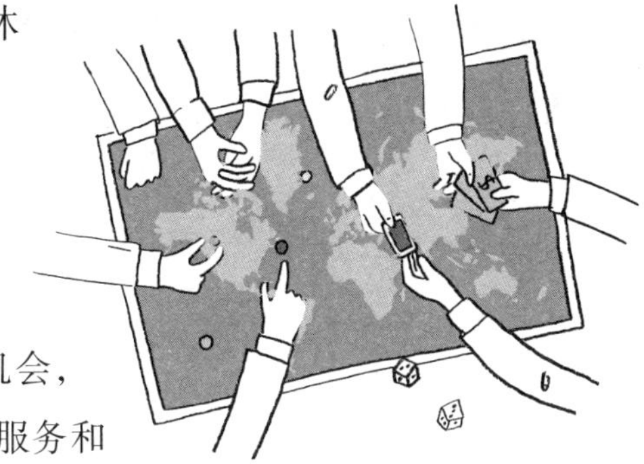

的甚至采用了经济的“休克疗法”：“利用集体创伤发起激进的社会改革和经济改革。”

甚至连自然灾害也可以为灾难资本主义提供机会，因为私营企业会利用公共服务和基础设施失效的契机，设立企业以谋取利益。2004年的斯里兰卡海啸致使25万人丧生，250万人无家可归，“外国投资人和国际放贷人于是结成同盟，利用当时恐慌的气氛将整条美丽的海岸线收购下来，移交给企业家，而这些企业家迅速地在海岸线上建造起大型度假胜地，使得数十万渔民无法返回海边重建家园”。卡特里娜飓风过境后也曾发生过类似的事情。因此，那些急于提供援助的国际声浪也许并非像看上去的那样仁慈心善。

抉择时刻

考虑到一切干涉他国战争或暴行的力量背后都藏有地缘政治的动机，那么质疑本国干涉行为的动机显然是明智之举。资本主义和地缘政治的变化（无论是自然的还是人为的）确实会携手而行。尽管在这些企业看来，他们已经和前人截然不同，但事实上他们与旧帝国真的有区别吗？在许多案例中，正是西方国家的幕后博弈制造出最初的问题。从长远来看，在加强国际法，巩固人权与民主方面，联合国起到的作用似乎才是最好的解决方案。

新政党承诺推行“进步改革”，它真的能带来新风气吗？

福山 ‖ 马克思 ‖ 黑格尔 ‖ 格雷

新政党迅速崛起，谴责执政党“政策陈腐”，并承诺要建立“一个公平、公正的社会”。他们的口号吸引了年轻人，获得了他们的支持。虽然他们的理念很吸引人，但是多年以前这些阵仗你都见过了。社会真的有过改变吗？进步是不是一种幻觉？

20世纪被两种互相对立的意识形态所主导：自由民主和共产主义。双方都承诺会带来发展进步：一方的目标是提高生活水平，拓宽机会自由，积累个人财富；另一方则争取更大的平等，让人们免于剥削，让社会拥有大量的财富。1989年，柏林墙倒塌，苏联解体，资本主义的拥护者聚集在一起为胜利欢呼。美国政治经济学家**弗朗西斯·福山**（Francis Fukuyama，1952— ）走得更远，他宣布了“历史的终结”：“西方自由民主作为人类政府的最终形式已经普世化，人类意识形态演变已经走到了终点。”（《历史的终结与最后的人》，1992）

一切最终都会得到解决……

随后的事态发展表明，福山的大胆主张为时过早。尽管在苏联的案例中，共产主义确实演变成威权主义的压迫和贫穷。资本主义（自由民主的驱动力）虽然确实提高了大众的生活水平和财富，创造了更多的平等和开放的社会，但这一胜利也付出了代价。自福山的豪言壮语以来，金融危机一直在持续不断地出现，最终导致了全球衰退（我们现在仍然生活在其阴影之中），贫富差距不断扩大，还有很多迹象表明气候变化真的在发生。然而，资本主义似乎并不具备解决这些问题的能力，虽然人们提出了许多解决方案：以稳定替代风险，促进社会平等，关注环境问题，但是这些改变并不能由利润来决定。再加之全球化的负面影响，使得发展中国家的廉价劳动力和资源被富裕的经济体所剥削，以及“灾难资本主义”（纳奥米·克莱因所强调的）的种种行径，使得不受束缚的资本主义越来越不像是我们想要的答案，而更像是一个问题。

资本主义的捍卫者将这些问题视为资本主义社会发展初期的困难——我们必须耐心等待。最终，自由市场的资本主义和自由民主意识形态将会行之有效地解决问题。当然，共产主义的拥护者也给出了类似的说辞：我们必须对最终的发展进步抱有信心。但是，如果问题并不在于我们应该选择相信哪一种意识形态，而是我们也许根本就不应该相信任何意识形态，那该怎么办？

对发展进步的信念

卡尔·马克思的共产主义社会理想被共产主义者视为历史进程的必然终点（参见上文第48页）。资本主义在耗尽自身的潜力后，将会为实行无产阶级专政提供理想的条件，而这一临时性的工人国家也将逐渐消亡，最后留下一个完全平等的社会。马克思对于这一过程的观念（被称为辩证唯物主义）建立在**格奥尔格·威廉·弗里德里希·黑格尔**的哲学基础上。但是马克思的视角是无神论和唯物主义的，而黑格尔带有宗教性质的思想则是唯心主义的。对于黑格尔来说，理念的必然发展将会引领历史发展

基本哲学问题

政治和社会进步是一种幻觉吗？

到最终的阶段——完整的“自我意识”，即在这个阶段人类将使自己成为绝对精神（上帝）。因此，历史也是上帝实现其自身的一种方式。由于马克思主义采取了黑格尔式的分析框架，所以马克思主义也被视为是一种世俗的宗教，它对于人类朝着最终目标的步伐有着不亚于宗教信仰的虔信。

但是，当真如此，这是否使得所有对于进步的信仰在本质上都具有“宗教”的属性？英国哲学家**约翰·格雷**（John Gray，1948— ）认为确实如此：“相信进步就是相信人类可以利用不断增长的科学知识赋予我们的新力量，摆脱限制了其他动物生命的那种局限性。”（《稻草狗》，2002）但是，人类理性、道德善好和自由意志同“信仰”一样都是人类演化的产物，它们在本质上与任何宗教的教条并没有区别（因此，在格雷看来，也同样是毫

进化没有最终目标。如果人类和动物没有本质区别，那么人类的历史是否也没有终极目标？

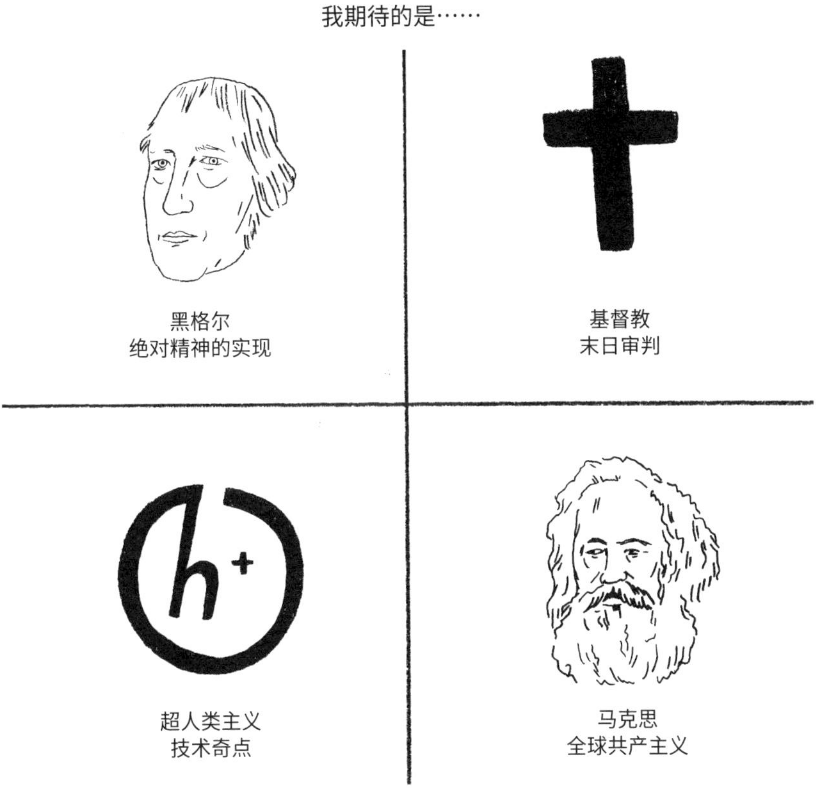

无根据的）。格雷援引超人类主义（其宗旨是人类可以利用技术，“超越”人类目前的局限性）作为证据，证明即使是科学家也无法逃脱不朽、神性知识和全知全能的古老宗教的梦想。他们还认为技术奇点将会使这一切成为可能，当机器智能达到某个临界水平时，计算机将能够不断自我迭代出更好的版本。

徒劳的妄想

格雷指出，进化是一个我们无法控制的过程，即使我们自认为能够控制，我们实际上也只是在表达进化在我们身体内孕育出

> 对于未来和谐社会状态的乌托邦式信念是一种基督教遗产，现代人对于进步的观点也是一种基督教遗产。
>
> ——约翰·格雷

来的对于控制进化的热切渴望。当然，进化本身并不会发展出“更好”或“更高”的品质，而只会发展出最能确保生存的品质。因此，如果我们自认为可以超越进化的过程，我们所持的这种想法就在本质上具有基督教的特点：我们与其他动物不一样，我们是不同的。

格雷的观点是冷峻的，他的炮火对准了宗教和世俗关于进步的一般信念，所以有很多人出于各种原因反对他得出的结论。但是，当他批判人类对于美好世界（不管它采取何种形式）的愿景时，他也向资本主义和社会主义提出了一连串令人难以回答的问题。至少，格雷敦促我们对人类的可能性进行反思，并且重新审视我们为自己设立的目标。

抉择时刻

过往的经验可能会使你对社会进步的承诺持怀疑态度。但是，如今的生活（至少在某些方面，或者对部分人而言）确实比以前要好。人们的平均寿命普遍变长，医疗水平不断提高，人们通过技术和科学也得以实现更多的事情。我们也可以看到社会的进步——性别和种族的平等意识都在增强，人权也在更广泛的范围内得到接受。即便我们与动物并无二致，无法逃脱死亡之苦，我们不也仍然能够达成一致，追寻一些比较温和的进步手段吗?

我应该要孩子吗？

马尔萨斯 ‖ 康德 ‖ 帕菲特

考虑到这个世界的现状，有时候你会问自己，是不是不应该把孩子带到世上来？这么做对他们是不是不公平？或者，随着人们越发担心气候变化和人口过剩，你是否对未来的世代负有责任，应当给予他们更美好的生活？

在19世纪初，全球人口约为10亿。此后，这个数字增长到七倍，而联合国人口司估计到21世纪50年代，全球人口将超过100亿。到那时，随着医学和技术的进步（假设这些进步能够惠及全球人口），人类的平均寿命还将进一步延长。但是，除非气候变化的趋势能够得到扭转，否则未来的人类将面对海平面上升、洪水泛滥和水土流失；此外，气温上升和气候多变还将导致农作物减产；最终带来干旱、饥荒和疾病等问题。这些未来场景并非都是不可避免的，但是那些为大企业谋求利益的人都在“否认气候的变化”，所以你的悲观情绪也算是情有可原。

自然极限

当然，你也可以认为，这种因为人类无法与环境保持平衡而导致的灾难，仅仅是自然用来维持平衡的一种方式。英国经济学家**托马斯·罗伯特·马尔萨斯**（Thomas Robert Malthus，1766—1834）就持有这种观点，他认为除非加以控制，否则人口的增长会耗尽周围的环境资源。正如他在《人口论》（1798）中指出的：“人口总是会不断地增长，超出人类维生手段的极限，这种永恒

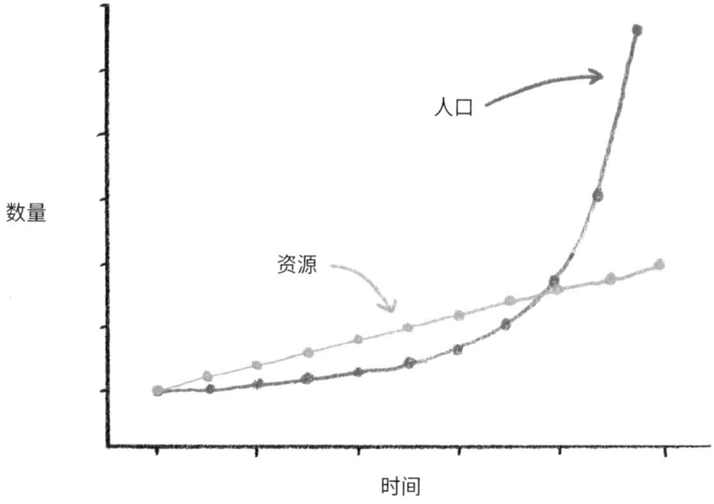

即使社会的资源不断增加，其增长率也只能维持在稳定的数值（算数比例）。相反，人口增长起步缓慢，但呈指数增长，最终将远远超出社会的承载能力。

的增长趋势是动物界的一大基本法则，我们无法指望它能发生改变。”那么，当人口接近可持续发展的极限时，会发生什么呢？马尔萨斯认为，疾病、饥荒、战争、自然灾害等一系列“制衡机制”会使人口恢复到可控的规模。

但是，我们难道不能通过施加干预，预防此类灾难的发生吗？马尔萨斯认为这不可能：“想要预防这种反复出现的灾难……唉……实在是超越了人类力量的极限。”他认为问题在于，人口以几何倍数增长（指每一代都会翻倍增长，可以设想一下繁殖期的兔子……），而资源则仅仅以“算数比例”增长（指以稳定的比率持续增长）。当然，我们可以遏制生育的势头，例如中国在1979年至2015年间实施的“独生子女政策”，但是，这种政策除了难以执行（特别是在自由主义国家）外，它最主要的敌人是人类自身的天性——繁衍的本能冲动。

假设之人

但是，我们必须做些什么，不是吗？我们难道不是对子孙后代负有责任吗？但是，对于我们是否负有这种道德责任，有些哲学家提出了质疑。这一议题的关键在于“未来人”的概念。如果我们采纳**伊曼纽尔·康德**对责任伦理的论述，那么我们的道德共同体将只包括现在现存之人，而不包括假设之人。如果我不负责任的行为剥夺了你有权利获得的某些善好（例如温饱、安全等），那么我的行为可以被视作不道德行为；但是如果在当下，我对公共资源的使用并没有伤害或者剥夺任何当下活着的人的善好，那么不管我的行为会对子孙后代有什么影响，我的行为并不是不道德的。（现在，我们先忽略这种影响未来的行为是否确实会对现在的人产生影响，后面我们考虑全球贫困时，将回过头来讨论这一问题。）

但是如前所述，康德并不允许我们残酷地对待动物或者挥霍自然资源，他认为尽管树木和狗并不是人类，但我们负有义务，不能残忍或者不负责任地对待树木或者其他生物，因为这样的行为可能会在我们身上产生糟糕的道德习惯。然而，这样的思路是否可以构成我们关心环境或者后代的基础？一些哲学家认为它可以，尽管我们无法将关心后代视为直接义务或者康德所谓的“完善”义务，但是它构成我们用来改善我们自身道德本性的间接义务或者“不完善”义务。换句话说，遵守“环境道德”将使我们成为道德上更好的人。此外，我们会因为影响环境和自然资源的理由而限制人口的增长，这反过来也会影

基本哲学问题

我们是否对未来世代负有道德义务，需要为他们留下一个值得生活的世界?

响我们对现存之人的义务。

功利主义视角

但是，采取功利主义/结果主义视角的人认为，我们对于环境和子孙后代负有的义务并不清晰。在《理与人》（1984）中，英国哲学家**德里克·帕菲特**（Derek Parfit，1942—2017）提出了他所说的“令人讨厌的结论”。我们先来设想，对于整体人口来说所有正面的生活体验，也就是所有让生活具有价值的事物有一个总量。接下来，我们总是可以设想，人口的增多会带来正面生活体验总量的增长。尽管和过去相比，人口增加使得每个人的平均生活质量稍有下降（但仍然拥

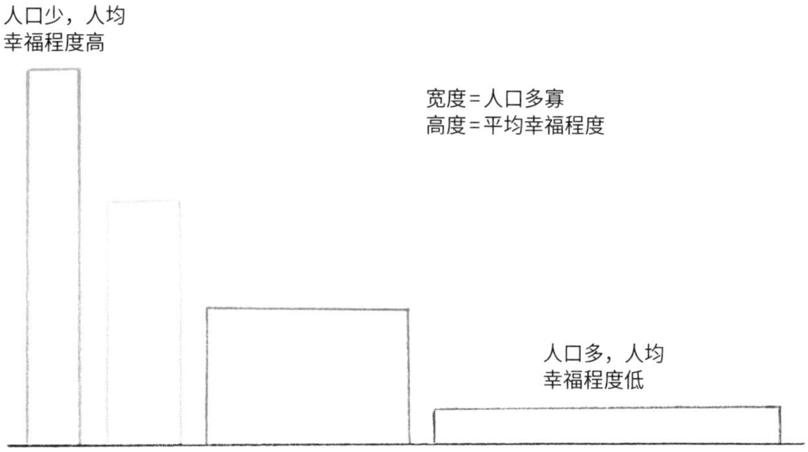

令人讨厌的结论：对于拥有一定程度正面生活质量的人口而言，我们总是可以假设一种人口增多，而人均幸福程度降低（但仍然维持正面）的情景。

有正面的生活体验），但是我们经过计算可以发现，正面生活体验的总量还是增加了。

我们来举一个简单的例子：你们两个人正在分享一个比萨饼，这个时候响起了敲门声，你的两个朋友登门拜访。你是个好客的主人，自然会把食物平分给他们。这会让你的幸福和满意程度不如两个人分享比萨饼的时候，但是你们四人仍然获得了正面的体验——毕竟好过没有比萨饼（饥饿显然会带来负面的体验），而我们可以据此认为，让更多的人吃到一点比萨饼（些许正面的体验）要比只有少数人分食整个比萨饼更好。因此，帕菲特的论点大致上等于说，无论有多少人过来吃比萨饼（只要他们的体验仍然是正面的），你都没有资格将他们赶走，因为真正重要的是整个团体的幸福程度（而且只要人数够多，那么每个人那一点点的正面体验加起来就会使得总量更多）。

将帕菲特的论点应用到环境或是否要孩子的决定中，我们可以看出它的“讨厌”之处在哪里，因为这种理论表明我们在道德上有资格浪费，有资格做一个自私的人，有资格将未来还没

> 当地球总人口达到100亿，而所有人都享受着很高的生活质量时，我们总是能够设想出更为庞大的人口，在其他方面平等的情况下，虽然其成员维持基本的有价值的生活，但人类总体达到更为善好的状况。
>
> ——德里克·帕菲特

出生的人们的生活质量降到最低（但勉强仍然算得上正面）的水平。

抉择时刻

思考未来人是一件困难的事情。从康德的视角来看，我们也许可以认为，我们对维护世界的美好负有间接的责任，而这会让你质疑，我们是否应该让更多的人降生到这个世界上。但是，你可能会像许多人一样，认为短期的正面幸福（至此你仍然可以为人父母，且对环境负责）比上述考虑更具重量。你也许会认为马尔萨斯所言差矣，科学将为气候变化和人口过剩找到解决方案。因此，帕菲特设想的令人讨厌的结论似乎是一个遥不可及的场景，不需要你去担心。或者，也许你的存在恰恰证明了他的观点：地球上的人口数量达到了史无前例的地步，但是你真的比过去的世代活得更快乐吗?

我应该给慈善机构捐助吗？

诺齐克 ‖ 康德 ‖ 哈耶克 ‖ 罗尔斯 ‖ 博格 ‖ 皮尔格 ‖ 辛格

慈善机构的志愿者会在购物中心将你拦下来，甚至会出现在你们家的门口。你会收到他们不请自来的邮件和电话，看到他们通过电视、报纸和互联网呼吁人们捐款。如果你径直走开不理会他们，或者委婉拒绝，或者切换了电视频道，你当然多少有些过意不去，但是你又能怎么办呢？你并不富有，如果碰到有需要的人你都去捐款，很快你就会变得和你接济的人一样贫穷。

而且，慈善真的是解决问题的答案吗？你不是没有听说过，约有半数善款会被官僚机构消耗掉，或者被腐败的中间人中饱私囊。难道人间疾苦不该由政府或者联合国来处理吗？我的意思是，这些问题又不是你造成的，不是吗？

上述问题或者诸如此类的疑惑恐怕在大多数人的脑海中都不止一次地浮现过。但是，除了解决好组织管理的问题，寻找最好的帮助方式之外，慈善捐款背后最主要的哲学问题在于，我们在道义上是否有义务帮助处境比我们糟糕的人——袖手旁观是否就不正义？

不完善责任

如果我们泛泛地关注贫困问题，那么有些人就会认为，我们并不负有直接的道德义务，财产和财富分配不均，是因为世界本来就是这个样子的。所以**罗伯特·诺齐克**等哲学家就认为，不应该通过强制的财富再分配或者税收来缓解不平等和贫困，因为除非我们可以证明这种不平等或贫困牵涉了不公正的情况（诺齐克论述资格理论的作品对此有详细的探讨，参见上文第167—168页），否则它将限制人们的自由。当然了，我们可能仍然觉得自己在道德上有责任去做点什么，因为一个好人自然会希望帮助受苦的人。但是这种责任并不采取一种明确的形式——正如**伊曼纽尔·康德**所说的那样，它们是不完善的责任：我们应该帮助他人，但是什么时候帮、怎么帮以及帮到什么程度都取决于我们自己。所以你可以径直忽视街角的乞丐，却在你上班的地方向慈善机构捐款。

弗里德里希·哈耶克从经济学角度响应了诺齐克的观点。如果为了缓解贫困或不公正，我们就对财富进行重新分配，或者对市场进行干预，那么我们还会干扰到整个扩展秩序（供需的自然关系、价格等，它们都由个人的自由交易而产生）。这将破坏市场的稳定性，使得市场变得难以预测，从而损害自由贸易给人们带来的益处。如果我们接受哈耶克关于自由市场理念的假设，那么这就是一个言之有理的观点。然而，哈耶克所捍卫的“扩展秩序”实际上并不存在，因为我们大可以认为市场早已经因为腐败、寡头、价格管制、单边贸易协定等种种因素而扭曲了。我们不是应该有责任，将人放在比市场更重要的位置上吗?

全球责任……

正如我们在上文中探讨过的，**约翰·罗尔斯**认为，为了创造一个正义的社会，我们有必要对财富做一定程度的重新分配。如果不这么做的话，无论富人是否有“资格”持有其财富，特定个体将可能无法获得基本的生活益品，将失去教育和就业的机会，也将毫无生活质量可言，诸如此类。因此考虑到我们身处的这个群体，罗尔斯可能会认为对于有需求的人的帮助必须至少采取某种制度或者法律的形式——我们不能仅仅依靠慈善家的善意来解决这个问题。

基本哲学问题

我们是否对消除全球贫困和苦难负有道德义务？

德国哲学家**托马斯·博格**（Thomas Pogge，1953—　）在这条路上走得更远。他认为罗尔斯的正义原则不仅要在社会内部应用，也要在全球范围应用。博格认为，许多欠发达国家之所以陷入贫困，并不是因为国运不佳、上帝的作为或自身的管理不善，而是由富裕国家的蓄意政策所致，这些富裕国家为了自己的目标，对这些欠发达国家施行殖民、剥削和操纵。如今，国家之间的不平等已经被铭刻在公约、贸易协定，国际债务以及其他维持不平等现状的协议当中。澳大利亚记者**约翰·皮尔格**（John Pilger，1939—　）就在《世界新统治者》（2001）中为我们详细介绍了印度尼西亚受剥削的历史：在1968年残酷的军事政变后，印度尼西亚向外国投资开放，根据世界银行的说法，它成了一个准备向西方学习自由市场资本主义课程的“模范学生”（这是“灾难资本主义”的范例）。他指出：“屠杀过去一年后，印度尼西亚的经济就被美国重新设计，改头换面，使得西方国家可以从印度尼西亚获取丰富的矿产资源、市场和廉价的劳动力。”而这些意味着，在这个四分之一人口都生活在贫困线以下的国家里，血汗工厂遍地开花，男女老少在充满压迫的环境中，在危险和不卫生的工作条件下为了赚取可怜的工资而长时间地工作。

因此，尽管人们普遍认为，印度尼西亚等国家的贫困有这些

> 在我们购置新衣时，如果我们不是出于保暖的目的，而是只是为了“穿着考究”，那么我们并未满足任何重要的需求。如果我们继续穿旧衣服，把钱捐出去救助饥荒，这不会让我们做出任何重大的牺牲。而通过这样的善举，我们可以让他人免受饥饿之苦。
>
> ——彼得·辛格

国家自身的一些因素，但事实上，西方在造成他们的贫困上也难逃干系。正如博格观察到的：“这么说吧，如果我们设立一项大奖，将出售国家资源的资格奖励给任何成功地掌控国家之人，并以国家的名义借贷款项。那么毫无疑问，这些国家的将军或者游击队都会为了得到这项大奖而拼得你死我活。但是，这项大奖之所以存在，并不是本国人的问题。它的存在错在处于统治地位的大国，以及它们所维系的国际法体系。”

……全球义务

那么，答案何在？博格认为，“我们应当变革全球秩序，或设

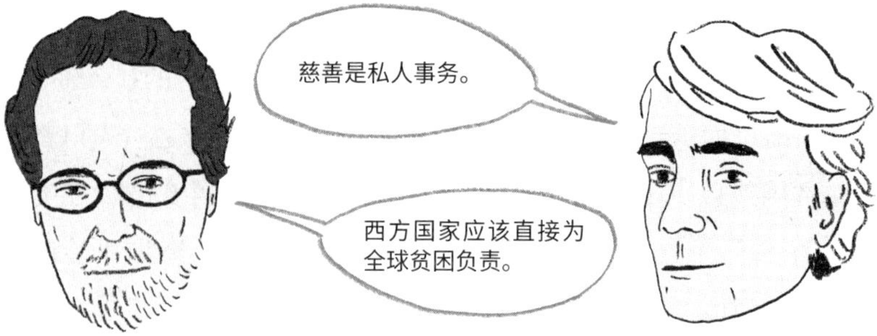

博格　　诺齐克

计激励举措，弥补旧秩序对全球贫困人口的影响，以此消除全球范围内严重的贫困”（《帮助“全球贫困人口”》，2003），但与此同时又不降低西方人的生活质量。实际上，他认为应当在较小的程度上完成财富的重新分配，但是在这样的重新分配面前，唯一障碍就是人们的普遍观念：全球贫困并不是“我们”的错。

彼得 · 辛格在《饥荒、富足和道德》（1971）中也提出了相似的观点。不管造成苦难的原因是什么，也不管最好的解决办法是什么，这一处境的道德判断是很简单的：如果人们陷入饥饿和贫穷，如果人们因为完全可以预防或治疗的疾病而死去，如果这时候我们有能力做些什么，那我们就应该去做。辛格对此给出过一个著名的例证：当一个孩子在浅水池中就要淹死时，如果你刚好路过，你是否会跳进去救他？你为此付出的代价微不足道（也许会毁了你的衣服），但是收益（挽救生命）却大得不可估量。因此，我们应该放弃一切奢侈消费，尽我们所能地给慈善机构捐款（把我们多出来的收入全数捐出），毕竟依据功利主义的视角，看

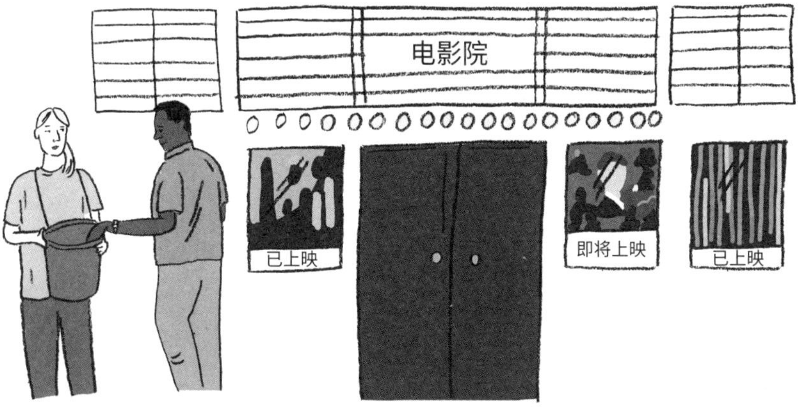

牺牲一次看电影的机会，然后把钱捐给慈善机构是一件容易的事情。

一场电影或者吃一顿美餐怎么可能比人的生命更重要呢?

辛格举的案例在情感和理性上都的确令人无法抗拒，但他的方法需要人们付出太多。同样，尽管他并非没有意识到博格所说的自由市场资本主义和西方政府所扮演的角色，但是他仍然认为我们应当主要关注我们自己的个人责任——我们应当现在就采取行动，即使效果不那么显著，也好过让人们在等待政治变革的过程中受苦和死去。

抉择时刻

尽管慈善属于个人选择，而且你可能会认为自己的贡献起不到多大的作用，但是我们仍然能为支持慈善事业找到充分的理由。如果皮尔格和博格所言不虚，那么全球经济秩序应当在很大程度上为发展中国家的普遍贫困和苦难负责，而我们都应寻求改变，并纠正这种恶果。与此同时，正如辛格所言，我们每个人都可以做许多善举，能够帮助处境比我们糟糕的人，因为即使是一点点善意都能够带来改变。

好莱坞电影里的未来为什么总是很严酷?

格雷‖亚里士多德‖莫尔‖培根‖布雷格曼‖马克思‖柏拉图‖康德

你又看了一部反乌托邦的未来题材电影，你可能会感到绝望。你会胡思乱想：未来有一天，我们能否通过技术和社会进步，创造出一个光明、美好的未来，一个富足、和平、和谐、正义的世界，在这个世界中，腐败、贪婪和愚蠢都将被扫进历史的垃圾筒？然后这个梦想分崩离析，你又回到现实中，担心人类的天性可能会让这个梦想世界变成又一个可怕的反乌托邦。回顾历史，你可能怀疑是否所有政治制度都存在缺陷，或者说问题是否出在我们人类自身。如同**约翰·格雷**所指出的，人类从根本上来说是一种非理性的生物，不能指望人类构建出一个完全正义的社会。又或者，如同**亚里士多德**等人的观点，人的本性是善好的，只是需要恰当形式的领导方式和政治组织就能蓬勃发展。我们应该脚踏实地，还是仰望星空？

乌托邦和反乌托邦

“乌托邦”一词出自英国政治家**托马斯·莫尔**（Thomas More，1478—1535）出版于1516年的同名作品，为莫尔爵士在书中首创。他在书中描绘了一个遵照修道院式法律，过着和谐生活的岛屿社会。英国哲学家**弗朗西斯·培根**（Francis Bacon，1561—1526）

> 仁慈和天性善良比任何协议都更为有效、更为有力地把人们团结在一起，因为人们心灵的纽带比言语的约定和约束都更为强大。
>
> ——托马斯·莫尔

基本哲学问题

人性是不可塑造的吗?我们是否应当放下幻想,不再奢求完美的社会?

也在《新亚特兰蒂斯》(1627)中描绘了一座小岛——这是一个由科学家和哲学家共同管理的进步社会。除了宗教乌托邦和科学乌托邦以外,现代政治意识形态也有它们自己的乌托邦主张:美国记者爱德华·贝拉米于1888年创作的小说《回溯过去:2000—1887》曾是一部相当畅销的作品,主要讲的是美国建造社会主义乌托邦的故事;而在美国科幻小说家厄修拉·勒古恩的《一无所有》中,我们能够目睹一座无政府主义星球上乌托邦社会的种种美德。

但是,文学史上的反乌托邦要远远多于乌托邦——多得甚至说不完。事实上,作为一种文学类型,现代科幻作品在很大程度上可以被视作反乌托邦作品。这是否表明乌托邦理想脱离了现实?或者在故事性上不够引人入胜?这很难说得清楚。

荷兰历史学家**鲁特格·布雷格曼**(Rutger Bregman,1988—)在《现实主义者的乌托邦》(2017)中认为,乌托邦社会并不一定就是幻想。实际上,他认为当代社会主义政治的问题就在于它们还不够乌托邦。布雷格曼提出了诸多建议,其中包括每个人都应当获得基本收入:如果机器人和自动化最终会夺走所有支付报酬的工作,那么社会必须供养公民。相应地,布雷格曼还主张将每周的工作时长设定为15小时,虽然我们的工作时间变短,但是每个人获得的报酬不变。我不知道你怎么看,反正这个社会算我一份。

有用的梦想

但是，乌托邦时代的我们有了那么多的空闲时间，我们不该用它来做点什么吗？我们不会感到无聊吗？我们难道不需要参与工作，赋予我们生活以目的吗？布雷格曼并不这么认为，尤其是因为很多现代社会的工作都是毫无意义且令人沮丧的。为什么我们不可以转而从事有创造力的工作，或者追寻人道主义的目标，从而获得报酬呢？或者仅仅是享受闲暇？当我们从工作中解放出来，我们会有很多事情可以做。**卡尔·马克思**虽然认为我们在本质上是“拥有生产力”的存在者（参见上文第48页），但是他并不会反对布雷格曼的观点，因为这不意味着生产就必须采取工作的形式（就当前意义上的工作而言）。

我们很容易就能在布雷格曼的想法中找到漏洞，但也许乌托邦梦想的重要性就像炼金术士把铅变成黄金的梦想一样：虽然在追寻黄金的过程中，我们最终发现炼金不过是个幻想，但是现代化学从中诞生了。在政治学中，完美社会的梦想同样从古至今推动着人们向着更加公平、平等和正义的方向迈进。从这个意义上讲，尽管**柏拉图**的政治观点受到了广泛的批评，但他的《理想国》仍然是有史以来最有影响力的政治学文本之一，因为它激发了无数后来的思想家和作家去改进它、完善它。

正如炼金术对黄金的渴求为化学奠定了基础，对于完美社会的追求也催生出政治的变革

至于从本性上来说，人性是不是不可塑造的，我们可以参考**伊曼纽尔·康德**

的话:“人性这根曲木,绝然造不出任何笔直之物。”(《世界公民观点之下的普遍历史观念》, 1784)康德的这番话并非暗示人类天生不可救药,而仅仅是说完美主义的心态不适合统治者:人只能尽力而为。归根结底,个人的选择决定了个人的行为是否公正(符合道德法则)。那么政治学的指引尽管有其必要性,却总是不充分的,因为无论一个社会多么完美,其善好程度都仅仅相当于社会中每个公民的自由选择。

抉择时刻

在我们的历史上,某些最崇高的乌托邦梦想已被证明是反乌托邦的噩梦,但我们也可以合理地认为,我们的政治和社会进步部分源自这种向往乌托邦的奋斗。事实上,乌托邦的抱负虽然没有实际实现的可能性,却很可能体现出我们不断变化的目标,以及激励我们做出改善的事物。当然,从另外的意义上看,相反的说法也是对的:在我们这个时代,过去世代的政治和技术远见已经变得平庸无奇;我们已然生活在他们梦想中的未来,而我们关于未来的梦想还在继续前进。在你被反乌托邦的恐惧所裹挟,于绝望中陷入崩溃之前,你不妨想一想,我们这一路上已经前行了多远。

致 谢

我须向以下人士表达我的谢意：特雷弗·戴维斯、埃拉·帕森斯、波莉·鲍尔特、亚西亚·威廉斯，以及章鱼出版社的每一个人，感谢他们的耐心和辛勤工作；感谢罗伯特·安德森明智的修改和有益的建议；感谢格蕾丝·海默的精美插图，以及她在无数次修改中所表现出来的无比耐心；感谢凯莉·格兰对全书的细致钻研，感谢她担任我的哲学顾问；感谢科林·伯德教授的罗尔斯式智慧和慷慨；感谢艾略特出色的图片处理技术；我还要感谢我的家人，感谢他们忍受着我的暴躁、牢骚、乖戾以及对他们的忽略（好吧，是比平常忽略得更多）。